Antica Grecia

Una guida agli dèi, dee, divinità, titani ed eroi greci classici: Zeus, Poseidone, Apollo e altri (Libro per alunni e giovani lettori)

Da Student Press Books

Tabella dei contenuti

****

****

****

Introduzione

Incontra gli antichi dèi greci - Mitologia per ragazzi/e dai 12 anni in su.

Benvenuti nella serie Mitologia accattivante. Questo libro vi presenta le divinità, i titani e le altre creature mitologiche dell'antica Grecia raccogliendo i profili dei più comuni dèi, dee, semidei, titani ed eroi delle antiche terre greche.

Entra nel mondo della mitologia greca e scopri tutto su Zeus, padre degli dèi e delle dee; su Hermes, il rapido messaggero di Zeus; su Afrodite... Gli dèi sono divinità sacre e, per molti di noi, rappresentano il massimo potere divino nel mondo.

Le storie che conosciamo oggi provengono da scrittori e artisti vissuti secoli fa che spesso hanno raccontato le loro storie usando strani personaggi e sorprendenti colpi di scena. In questo volume scoprirai alcune curiosità bizzarre e imparerai a conoscere tutte le tue divinità preferite. Oggi il mondo è un posto diverso e questo libro vi parlerà in un linguaggio semplice di dèi, dee, divinità e titani dell'antica Grecia. Gli dèi sono gli esseri più potenti dell'antichità!

È difficile imparare rapidamente il complesso mondo delle antiche divinità greche. Le spiegazioni di questo libro sono brevi e accompagnate da illustrazioni che fanno riflettere, rendendo semplice ricordare le piccole curiosità che l'insegnante ti ha raccontato in classe!

Una cosa è sapere chi sono tutte le diverse divinità, ma capirne l'importanza è tutto un ltro paio di maniche! Non ti preoccupare, questo libro ti farà sembrare tutto molto più facile!

Questo libro della serie Mitologia accattivante comprende:

- Mitologia greca - Scopri le credenze degli antichi greci sulla morte, l'aldilà, i sacrifici, i templi e gli immortali.
- Affascinanti biografie degli dèi greci - Impara di più sulle divinità e sui loro poteri.
- Ritratti vivaci - Fai rivivere gli dèi nella tua immaginazione con l'aiuto di immagini avvincenti.

Sulla serie: La serie Mitologia Accattivante di Student Press Books presenta nuove prospettive sugli antichi dèi che ispireranno i/le giovani lettori/lettrici a considerare il loro posto nella società e a conoscere la storia.

Il tuo regalo

Hai un libro nelle tue mani.

Non è un libro qualsiasi, è un libro della Student Press Books! Scriviamo di eroi neri, donne che danno potere, mitologia, filosofia, storia e altri argomenti interessanti!

Dato che hai comprato un libro, vogliamo che tu ne abbia un altro gratis.

Tutto ciò di cui hai bisogno è un indirizzo e-mail e la possibilità di iscriverti alla nostra newsletter (il che significa che puoi cancellarti in qualsiasi momento).

Allora, cosa stai aspettando? Iscriviti oggi e richiedi il tuo libro gratis all'istante! Tutto quello che devi fare è visitare il link qui sotto e inserire il tuo indirizzo e-mail. Ti verrà inviato il link per scaricare subito la versione PDF del libro in modo da poterlo leggere offline in qualsiasi momento.

E non preoccupatevi - non ci sono fregature o costi nascosti; solo un buon vecchio omaggio da parte nostra qui a Student Press Books.

Visita subito questo link e iscriviti per ricevere la tua copia gratuita di uno dei nostri libri!

Link: https://campsite.bio/studentpressbooks

Mitologia greca

Questo corpo di storie dell'antica Grecia include molti racconti sugli dei e sulla natura dell'universo. Le storie raccontate da poeti come Omero ed Esiodo formavano una parte importante della visione religiosa del mondo degli antichi greci. Tuttavia, la mitologia greca e la religione non sono esattamente la stessa cosa. La religione greca consisteva nelle credenze e pratiche religiose, come le preghiere e i rituali, degli antichi greci.

I costumi religiosi dell'antica Grecia variavano molto da luogo a luogo e tra le diverse classi. Tuttavia, la religione greca era caratterizzata da due tratti: la credenza in una moltitudine di divinità simili all'uomo sotto un unico dio supremo e l'assenza di dogmi - cose a cui una persona deve credere per essere considerata pia. In alcune religioni, ci sono certe credenze che devono essere mantenute per essere un membro della fede. Nell'antica Grecia, era sufficiente credere che gli dei esistessero e compiere i rituali e i sacrifici che li onoravano. La religione non era basata su un testo sacro.

Le origini della religione greca possono essere fatte risalire a tempi molto antichi. Il dio del cielo Zeus, per esempio, era venerato già nel II millennio a.C. Tuttavia, la forma consolidata della religione durò dal tempo del poeta Omero (circa il 9° o 8° secolo a.C.) fino al 4° secolo d.C. circa, quando la religione della Grecia cominciò ad essere messa in ombra da quella della Roma imperiale.

Quando i greci avevano un gran numero di avamposti coloniali, la loro religione si diffuse a ovest fino alla Spagna e a est fino al fiume Indo dell'Asia meridionale. La religione greca ebbe una vasta influenza sulla religione romana, e i romani identificarono molti dei con quelli greci. Alcuni eroi e divinità greche sopravvissero anche più tardi come santi sotto il cristianesimo. Quando l'arte e la letteratura greca furono riscoperte durante il Rinascimento europeo, gli artisti e gli scrittori occidentali incorporarono la mitologia greca nelle loro opere. Così, la religione dell'antica Grecia ha avuto un enorme impatto sulla cultura occidentale.

Gli dei greci

Gli antichi greci avevano numerosi dei che incarnavano o controllavano varie forze naturali e sociali. Per esempio, il dio Poseidone personificava il mare e lo dominava. Afrodite, la dea dell'amore, poteva riempire d'amore i suoi adoratori. I regni di altre divinità includevano la guerra, la musica, il fuoco, le stagioni, la giustizia e il parto, per nominarne solo alcuni.

Preminente nel pantheon greco era una famiglia di 12 divinità principali che si credeva vivessero sul monte Olimpo. Questi grandi dei dell'Olimpo erano Zeus, il dio supremo, Era, sua moglie, e Afrodite, Apollo, Ares, Artemide, Atena, Demetra, Efesto, Hermes, Hestia e Poseidone. Anche altre divinità importanti, come Dioniso, erano considerate divinità dell'Olimpo. La maggior parte delle storie raccontate su queste divinità attribuisce loro desideri e azioni simili a quelle umane, anche se erano immortali e spesso avevano grandi poteri.

C'erano anche altri tipi di divinità. Mentre i contadini delle comunità rurali potevano offrire sacrifici agli dei dell'Olimpo, molti erano in realtà più legati a divinità rurali come Pan e alle ninfe e agli spiriti della natura. Altre divinità venerate nell'antica Grecia erano divinità ctonie, o divinità che controllavano gli inferi, i morti e la fertilità della terra.

La morte e l'aldilà

Nell'antica credenza greca, affinché una persona morta potesse avere una vita dopo la morte, il corpo doveva ricevere almeno una sepoltura rudimentale. Il dio Hermes poi conduceva i morti agli inferi. Il fiume Stige, tuttavia, impediva il passaggio dei morti. Venivano traghettati da un barcaiolo, Caronte, e le monete venivano messe nella bocca dei cadaveri per pagare il suo prezzo. Il mondo sotterraneo era spesso chiamato Ade, perché era il regno del dio Ade.

Nei primi tempi l'aldilà era considerato un'esistenza triste e senza gioia, anche se gli inferi non erano per lo più un luogo di punizione. Solo alcuni rari peccatori, come Ixion, Sisifo e Tantalo, che avevano offeso personalmente gli dei, vi venivano puniti. Tuttavia, solo a pochissimi eroi che gli dei favorivano era permesso di entrare nel paradiso conosciuto come Eliseo. Più tardi, si credette generalmente che chiunque vivesse una vita retta avrebbe ottenuto l'ingresso all'Eliseo.

Sacrifici nell'antica Grecia

Il modo principale con cui gli antichi greci cercavano di stabilire buone relazioni con gli dei era il sacrificio di animali (o talvolta di beni agricoli). I sacrifici venivano offerti agli dei dell'Olimpo all'alba su un altare, che normalmente si trovava fuori dal tempio. Un sacrificio rappresentava un dono agli dei, quindi gli animali da sacrificare dovevano essere immacolati. Si dicevano preghiere, si eseguivano riti e l'animale veniva ucciso e messo sul fuoco. Alcune parti venivano bruciate e offerte agli dei. Il sacerdote e i fedeli mangiavano il resto della carne in un pasto gioioso. Diversi animali venivano offerti a varie divinità - per esempio, le mucche a Hera, i tori a Zeus e i maiali a Demetra. Ad alcune divinità si offrivano beni agricoli come cereali, verdure o frutta.

Si facevano anche sacrifici a divinità ctonie. Questi sacrifici erano di animali neri e venivano eseguiti la sera. A causa del pericolo inerente alle divinità ctonie, l'intero animale veniva offerto nel sacrificio e nessuno veniva mangiato.

Qualsiasi individuo poteva compiere sacrifici agli dei in qualsiasi momento dell'anno. Inoltre, i sacrifici pubblici venivano regolarmente eseguiti in varie feste alle diverse divinità. Alle feste, tutti i cittadini di una città potevano adorare e sacrificare insieme. Spesso erano caratterizzate da processioni e rituali, nonché da finti combattimenti e gare atletiche.

Templi e santuari nell'antica Grecia

In tempi molto antichi gli dei erano generalmente venerati in luoghi naturali impressionanti come boschetti, grotte e cime di montagne. Semplici templi di legno che ospitavano la statua di un dio erano noti fin dai tempi di Omero. Più tardi, i templi furono costruiti in pietra calcarea e marmo e avevano colonne su tutti i lati. Una statua del dio sarebbe stata posta all'interno.

I santuari si trovavano anche presso i numerosi oracoli, luoghi in cui le persone consultavano un dio e ponevano domande sul futuro. In molti di essi, veggenti speciali rivelavano le risposte del dio. Il santuario oracolare più famoso era quello di Apollo a Delfi.

Santuari meno elaborati si trovavano presso le tombe di certi uomini considerati eroi. Omero diffuse il concetto dell'eroe, colui che era il più grande dei guerrieri mortali. Si credeva che gli eroi morti potessero aiutare gli abitanti della città in cui erano sepolti. Sacrifici adatti a divinità ctonie venivano offerti sulle tombe di questi uomini.

Molte religioni segrete chiamate religioni misteriose si svilupparono anche nell'antica Grecia (e altrove nel Mediterraneo antico). I riti di tali religioni erano rivelati solo ai loro membri, che dovevano essere iniziati alla religione, spesso per gradi. Le religioni misteriche offrivano un rapporto più personale con il divino rispetto al culto stabilito degli dei dell'Olimpo. Molte di esse promettevano ai loro membri la salvezza personale e benefici nell'aldilà. Offrivano anche un senso di comunità: i membri si incontravano segretamente per partecipare a pasti comuni, danze e cerimonie, specialmente riti di iniziazione. Le religioni misteriche raggiunsero l'apice della loro popolarità in Grecia nei primi tre secoli dopo Cristo.

La religione misterica più famosa era quella dei Misteri Eleusini, nella città di Eleusi, a ovest di Atene. Le cerimonie eleusine erano incentrate sulla storia di Demetra, la dea del grano, ed enfatizzavano i parallelismi tra il ciclo della crescita del grano e il ciclo vitale degli esseri umani. Attraverso i Misteri Dionisiaci, il dio Dioniso era ampiamente venerato in feste che includevano vino, canto corale, attività sessuale e mimo. Il movimento orfico si credeva fosse basato su scritti sacri dell'eroe Orfeo sulla purificazione dal peccato e sulle ricompense e punizioni nell'aldilà. Richiedeva ai suoi membri di rimanere casti e di rinunciare a carne e vino.

Immortali

Dei e dee maggiori

Afrodite
La dea dell'amore, della bellezza e della fertilità

I romani identificavano Afrodite con la loro dea Venere.

Afrodite era una delle 12 divinità principali che vivevano sul monte Olimpo. Nell'Iliade di Omero, si dice che Afrodite fosse la figlia di Zeus e Dione, un titano. Altre storie raccontano di come sia nata, cresciuta, dalla schiuma del mare vicino all'isola di Citera. (Aphros in greco significa "schiuma").

Da lì Zefiro, il vento dell'ovest, la portò dolcemente su una conchiglia fino a Cipro. Lì le Horae (le stagioni) la incontrarono, la vestirono e la portarono agli dei.

Ogni dio - anche lo stesso Zeus - voleva questa bellissima dea come moglie. Alcune storie raccontano che Afrodite era troppo orgogliosa e li rifiutò tutti.

Per punirla, Zeus la fece sposare con Efesto, il dio zoppo e brutto della fucina. Questo bonario artigiano le costruì uno splendido palazzo a Cipro.

Afrodite aveva molti amanti, tra cui Ares, il bel dio della guerra. I suoi figli con Ares furono Harmonia, i gemelli guerrieri Phobos e Deimos, ed Eros, il dio alato dell'amore.

Sempre desiderosa di aiutare gli amanti in difficoltà, Afrodite era altrettanto veloce a punire coloro che resistevano al richiamo dell'amore. Eros scagliava frecce d'oro nel cuore di coloro che sua madre voleva unire in matrimonio. Afrodite aveva anche un cinto magico che rendeva irresistibile chi lo indossava, e a volte lo prestava ad altri.

Più volte si è presa gioco di Zeus e degli altri dei facendoli innamorare di fanciulle mortali. A causa di ciò, Zeus decretò che si innamorasse di Anchise, un pastore di Troia. Da questa unione nacque Enea, il mitico antenato del popolo romano.

Un altro famoso mito che coinvolge Afrodite racconta del giudizio di Paride. Durante una festa di nozze, la dea Eris (il cui nome significa "lotta") gettò una mela d'oro con la scritta "Alla più bella". Tre dee Era, Atena e Afrodite - rivendicarono di essere la più bella e quindi di meritare la mela.

Per risolvere la questione, Zeus fece giudicare a Paride di Troia quale delle tre fosse la più bella. Tutte e tre cercarono di corromperlo con dei regali: Era con il potere regale, Atena con la forza militare e Afrodite con l'amore della donna più bella.

Paride assegnò la mela ad Afrodite. In cambio, lei lo aiutò a conquistare la bella Elena da suo marito, il re di Sparta. Questo portò allo scoppio della guerra di Troia.

Afrodite era venerata principalmente come dea dell'amore umano e della fertilità. Era anche ampiamente venerata come dea della natura. Poiché veniva dal mare, i marinai la pregavano per calmare il vento e le onde. I centri principali del suo culto erano a Cipro e a Citera.

I poeti dell'antica Grecia cantavano spesso le lodi della dea dell'amore. Gli scultori classici scolpirono innumerevoli figure di lei. La più celebre statua di Afrodite nei tempi antichi fu quella scolpita da Prassitele a Cnido, sulla costa dell'Asia Minore.

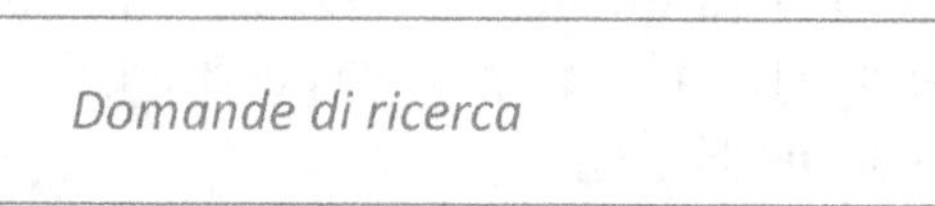

Domande di ricerca

1. Qual era lo strumento preferito di Afrodite?
2. Quale diresti che è l'unica cosa che spicca di Afrodite e della sua mitologia?
3. Chi è il tuo dio greco preferito?

Apollo
Il dio della luce, della giovinezza, della bellezza, della poesia e della musica

Fatto uno degli dei principali di Roma dall'imperatore Augusto. Apollo era considerato principalmente un dio della guarigione dai Romani, che iniziarono a venerarlo durante un'epidemia nel 431 a.C. circa. Più tardi fu reso uno degli dei principali di Roma dall'imperatore Augusto. L'imperatore lo considerava la sua divinità patrona e fece costruire un magnifico tempio in suo onore.

Apollo era uno degli dei più venerati e influenti. Aveva numerosi ruoli. Ai banchetti tenuti sul monte Olimpo, incantava gli dei con il suo modo di suonare la lira, uno strumento musicale simile all'arpa.

Apollo era anche venerato come guardiano della salute, dei raccolti e delle greggi e mandrie di animali. Più tardi, attraverso la confusione con Helios, venne ad essere considerato il dio del sole.

Apollo era anche il dio della profezia, e si diceva che rivelasse il futuro agli umani attraverso il suo oracolo a Delfi. In questo e in altri ruoli, era associato alla soggezione e al terrore ispirati dagli dei e alla grande distanza tra loro e gli umani. Usava il suo arco d'argento e le sue frecce d'oro per colpire i suoi bersagli da lontano.

Apollo comunicava la volontà di Zeus e presiedeva alla legge religiosa e civile. Rendeva anche le persone consapevoli della loro colpa e le purificava da essa. Si diceva che anche gli altri dei lo temessero.

Apollo era il figlio di Zeus e del titano Leto ed era il fratello gemello di Artemide. Si dice che sia nato sull'isola di Delo, nel Mar Egeo.

Una delle prime gesta del giovane Apollo fu l'uccisione del serpente mortale Pitone. Nessun umano osava avvicinarsi alla bestia, che viveva sulle pendici del monte Parnaso, nella Grecia centrale. Apollo usò il suo arco e le sue frecce per uccidere Pitone.

Il luogo dove Apollo uccise il serpente fu ribattezzato Delfi, e lì il dio stabilì il più famoso dei suoi oracoli. A Delfi la sua sacerdotessa faceva conoscere il futuro a coloro che la consultavano. Sotto l'ispirazione di Apollo, dava indicazioni in materia di malattia, guerra e pace, e la costruzione di colonie. Per fare ciò, andava in trance, e le parole e i suoni che poi pronunciava erano interpretati dai sacerdoti.

In memoria della sua vittoria su Pitone, si credeva che Apollo avesse iniziato i giochi Pitici, che si tenevano a Delfi ogni quattro anni. I vincitori delle competizioni musicali e atletiche venivano incoronati con corone di foglie di alloro, che erano associate ad Apollo a causa di un mito su uno dei suoi amori.

Quando Apollo inseguì la casta ninfa Dafne, lei fuggì e pregò suo padre, un dio del fiume, di aiutarla. Per salvarla da Apollo, suo padre la trasformò in un albero di alloro. Da allora tutti gli alberi di alloro furono sacri ad Apollo. Anche molti altri amori del dio finirono in tragedia.

Quando Cassandra rifiutò le sue avances, la maledisse perché facesse profezie vere a cui nessuno avrebbe creduto. Quando la sua amante Coronis gli fu infedele, fece sparare ad Artemis e la uccise con una freccia. Da Coronis, Apollo fu il padre di Asclepio, il dio della medicina.

Apollo era tipicamente rappresentato dagli artisti antichi come un bellissimo giovane con i capelli lunghi, spesso legati in un nodo sopra la fronte, coronato da una corona di alloro, e che porta la sua lira o l'arco. La statua più famosa di lui è l'Apollo Belvedere, che è una copia romana di un originale greco in bronzo e si trova nei Musei Vaticani a Roma.

Domande di ricerca

1. Chi ti piace di più, Apollo o Hermes?
2. Con quale dio o dea vorresti essere più amico?
3. Se potesse cambiare una cosa degli dei e delle dee greche, quale sarebbe?

Ares
Il dio della guerra

Ares era associato al dio romano Marte.

Ares era una delle 12 divinità principali che vivevano sul monte Olimpo. Era spesso raffigurato nell'arte come un guerriero, che portava una lancia e indossava un elmo e un'armatura. Ares rappresentava gli aspetti selvaggi, sanguinosi e distruttivi della battaglia, in contrasto con gli aspetti più civilizzati della strategia militare, dell'abilità e della giustizia rappresentati dalla dea della guerra Atena.

Mai un dio molto popolare, Ares non era molto venerato. Secondo i poeti greci da Omero in poi, non era ben visto dagli altri dei, compresi i suoi genitori, Zeus ed Era. Era accompagnato in battaglia dai suoi figli Phobos (il cui nome significa "panico") e Deimos ("disfatta") e da sua sorella Eris ("lotta").

Non ci sono molti miti su Ares. Si diceva che fosse fisicamente forte, feroce e bello. Era l'amante di Afrodite, la dea dell'amore, che era sposata con Efesto, il dio zoppo della fucina. Un giorno, Helios, il dio sole onniveggente, vide i due amanti insieme e disse a Efesto.

Per catturarli, Efesto costruì una rete invisibile di catene sopra il suo letto. Quando Ares e Afrodite rimasero intrappolati nella rete, l'infuriato Efesto chiamò gli altri dei, che risero dello spettacolo.

Ares e Afrodite ebbero diversi figli: Phobos, Deimos, Harmonia, ed Eros, il dio dell'amore. Con altre dee e donne mortali, ebbe molti altri figli, tra cui almeno tre degli avversari dell'eroe Eracle: Cycnus, Lycaon e Diomede di Tracia.

Domande di ricerca

1. Sei mai stato imparentato con qualcuno degli dei?
2. Quale pensi che fosse la loro sostanza preferita sulla Terra?
3. Pensi che uno degli dei avesse un senso dell'umorismo assurdo?

Artemis
La dea della caccia, degli animali selvatici e della vegetazione

Gli antichi romani la identificavano con la loro dea Diana.

Nelle statue e nei dipinti, Artemide era spesso ritratta con un cervo o un cane da caccia e con un arco e una faretra di frecce. Si diceva che danzasse sulle montagne, nelle foreste e nelle paludi, di solito in compagnia dei suoi accompagnatori, che erano ninfe. Artemide era la figlia di Zeus e Leto, un titano, ed era la sorella gemella di Apollo.

Poiché Leto partoriva Artemide senza provare i dolori del parto, Artemide era anche una protettrice delle donne in travaglio. In alcuni miti successivi, era associata alla Luna (mentre suo fratello, Apollo, era associato al Sole). Era una delle 12 divinità principali che si diceva vivessero sul monte Olimpo.

Artemide era eternamente vergine, ed esigeva un prezzo elevato dai suoi servitori che rompevano il loro voto di castità. Alcuni miti raccontano che, quando una serva di nome Callisto fu trovata incinta da Zeus, Artemide la trasformò in un orso e iniziò a darle la caccia.

Callisto fu salvata solo da Zeus che la portò nei cieli (o, in alcune storie, fu uccisa da Artemide). In ogni caso, Callisto fu collocata nei cieli come una costellazione di stelle, l'Orsa Maggiore, che in latino significa "Orsa Maggiore". "

Una storia raccontata di Artemide che è stata spesso ritratta nell'arte e nella poesia proviene dalle Metamorfosi di Ovidio. In questo racconto il giovane Atteone vede casualmente Artemide mentre fa il bagno.

Artemide lo trasformò in un cervo, e i suoi stessi segugi lo inseguirono e lo uccisero. (In un'altra versione, egli offese Artemide vantandosi che la sua abilità come cacciatore superava la sua). La rabbia di Artemide può essere vista come una metafora dell'ostilità della natura selvaggia verso gli esseri umani.

Artemide era una delle dee preferite dalle persone che vivevano nelle zone rurali. Nel Peloponneso, era venerata come dea della vegetazione; lì, fanciulle che rappresentavano ninfe degli alberi (driadi) danzavano in adorazione della vergine cacciatrice.

Si diceva che Artemide governasse anche i laghi e altre acque, assistita da ninfe d'acqua (naiadi). Al di fuori del Peloponneso, Artemide andava più spesso sotto il titolo di padrona degli animali ed era soprattutto la protettrice degli animali giovani.

Domande di ricerca

1. Chi è il tuo dio meno preferito o meno impressionante della Grecia, e perché?
2. Quale intelligenza di Dio viene spesso trascurata?
3. Chi era il più potente, secondo lei?

Athena
La dea della guerra, della saggezza e dei mestieri

Spesso chiamata Pallade Atena, o semplicemente Pallade. Era una delle più potenti delle 12 divinità principali che governavano sul monte Olimpo.

Secondo la mitologia, Atena era la figlia preferita di Zeus. Si diceva che fosse spuntata dalla sua testa completamente cresciuta e vestita con un'armatura. La dea era solitamente mostrata mentre indossava un elmo e portava una lancia e uno scudo.

Come suo padre, anche lei portava l'egida magica, una corazza di pelle di capra, orlata di serpenti, che produceva saette quando veniva scossa. Atena era associata al serpente e alla civetta. Di solito rappresentata come una dea vergine, non aveva figli.

Atena era molto diversa dal dio della guerra Ares, che era associato alla furia senza cervello e agli aspetti brutali della battaglia. Dea della ragione e della guerra, rappresentava il lato intellettuale e civile della guerra, non era tanto una combattente quanto una saggia e prudente consigliera militare. Era anche associata alla giustizia, alla gloria e all'abilità in battaglia.

Atena era saggia non solo nelle arti della guerra ma anche nelle arti della pace, le arti della civiltà. Si suppone che abbia inventato l'aratro e insegnato agli uomini come aggiogare i buoi.

In contrasto con Artemide, che era vista come una dea dei luoghi selvaggi e rurali, Atena era considerata la protettrice delle città. Era la protettrice di Atene, in particolare. Si dice che Zeus avesse decretato che la città dovesse essere data al dio che offriva il dono più utile al popolo.

Poseidone diede loro una sorgente salmastra (o, in alcuni miti, il cavallo). Atena colpì la terra nuda con la sua lancia e fece nascere un ulivo. La gente era così contenta dell'ulivo che Zeus diede la città ad Atena e le diede il suo nome. Atena è spesso mostrata con un ramo d'ulivo, un simbolo di pace e abbondanza.

Atena era ampiamente venerata nell'antica Grecia e le furono dedicati templi in molte città greche. Sulla collina dell'Acropoli gli ateniesi le costruirono un bellissimo tempio chiamato il Partenone (da parthenos, che significa "vergine"). Nel tempio si trovava la statua in avorio e oro chiamata Athena Parthenos, del grande scultore greco Fidia.

Gli ateniesi tenevano la loro festa più importante, i Panathenaea, nel giorno considerato come il compleanno della dea. Veniva celebrata con una processione, sacrifici, recite di poesie e gare atletiche e musicali.

---

1. Com'era il Monte Olimpo?
2. Se dovesse scegliere un dio o una dea con cui cenare, quale sarebbe e perché?
3. Chi pensi che sia il dio greco più sopravvalutato?

Demeter
La dea dell'agricoltura

I romani identificavano la loro dea Cerere con Demetra.

Il grano, specialmente, era associato a Demetra, ma era anche la dea madre della vegetazione in generale. Era venerata anche come dea della fertilità, del parto e del matrimonio. Nell'arte Demetra era spesso raffigurata mentre portava covoni di grano o un cesto pieno di grano, frutta e fiori.

Demetra era la figlia dei Titani Crono e Rea ed era la sorella di Estia, Era, Ade, Poseidone e Zeus. Da Zeus, Demetra era la madre di Persefone.

Il mito più noto su Demetra riguarda la perdita di sua figlia. Ade, il dio dei morti, si impadronì di Persefone e la portò negli inferi per farne sua moglie. Demetra cercò la sua figlia scomparsa per nove giorni prima di sapere cosa era successo da Elio, il dio del sole. Nella sua disperazione e rabbia, Demetra fece diventare la terra sterile, rifiutandosi di far crescere qualsiasi raccolto mentre sua figlia era scomparsa. Travestita da vecchia, vagò per il mondo, vivendo tra gli umani, per un anno.

Alla fine, per salvare l'umanità dalla carestia, Zeus fece liberare Persefone da Ade e Demetra ripristinò la fertilità della terra. Tuttavia, poiché Persefone aveva mangiato del cibo - un seme di melograno - negli inferi, doveva tornare sottoterra a vivere con Ade per un terzo di ogni anno.

Si dice che questo mito spieghi il cambiamento delle stagioni e il ciclo annuale della crescita dei raccolti. Il tempo che Persefone passava ogni anno negli inferi avrebbe rappresentato l'inverno, quando la terra appare sterile. Sarebbe ritornata a sua madre in superficie ogni primavera, insieme alla crescita dei fiori primaverili.

Demetra era ampiamente venerata nell'antica Grecia, specialmente dalle donne. Diverse città tenevano feste agricole in suo onore. Era anche venerata in una religione misteriosa, o che aveva riti segreti conosciuti solo dai suoi membri iniziati, nella città di Eleusis.

Domande di ricerca

1. Quali sono i dibattiti più popolari tra i seguaci degli dei greci?
2. Quando è iniziata la credenza negli dei greci?
3. Le persone credono in loro per ragioni diverse? Se sì, quali sono alcune ragioni?

Dioniso

Dio del vino, della vegetazione, della calda umidità, dei piaceri e della civiltà

I Romani chiamavano questo dio Bacco e celebravano i Baccanali, o festival di Bacco, ogni tre anni. Divenne così immorale, tuttavia, che nel 186 a.C. il Senato romano lo proibì.

Dioniso era il figlio di Zeus e Semele, che era figlia del re di Tebe. La leggenda dice che Semele fu consumata dalle fiamme quando vide Zeus, senza travestimento, nel suo splendore divino. Zeus mise il suo bambino non ancora nato nella sua coscia. Quando venne il momento della nascita del bambino, Zeus lo tirò fuori di nuovo. Così, Dioniso ebbe una doppia nascita.

Nei suoi primi anni il giovane dio fu accudito da un vecchio satiro chiamato Sileno. Dioniso imparò a fare il vino e viaggiò attraverso il mondo per darlo ai mortali. Il dio godette di molte avventure durante i suoi viaggi. Alla fine andò nelle regioni infernali per trovare sua madre. La ribattezzò Thyone e la riportò sul monte Olimpo, la casa degli dei.

Dioniso era rappresentato nelle opere d'arte come un bellissimo giovane, coronato di foglie di vite o di edera e con la pelle di un fauno (un animale mitologico) sulle spalle. Le sue feste erano celebrate con processioni, danze e cori, da cui nacque il dramma greco e il teatro greco.

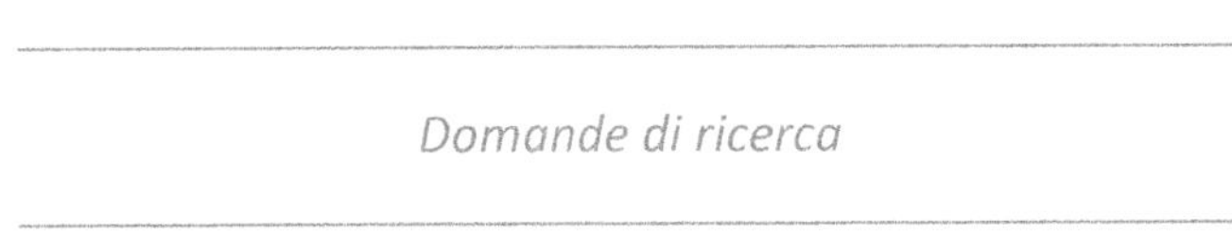

Domande di ricerca

1. Quale dio o dea greca trova più interessante e perché?
2. Ade e Persefone farebbero una buona coppia in paradiso o è solo un'altra cattiva decisione di accoppiamento?
3. Cosa pensi degli Inferi infuocati dell'Ade, che sono stati fatti per le anime malvagie, con il loro periodo di prigionia?

Ade
Il dio degli inferi, la dimora sotterranea dei morti

La controparte di Ade nella mitologia romana era conosciuta come Dis o Plutone.

Ade presiedeva al processo di tutte le persone dopo la morte e alla punizione di quelle trovate malvagie. Severo, spietato e distaccato, si diceva che non fosse mosso (come la morte stessa) dalla preghiera o dal sacrificio. Si pensava che portasse sfortuna pronunciare il suo nome ad alta voce, così i greci lo chiamavano con altri nomi, come Plutone, che significa "il ricco".

Ade ricevette questo nome forse perché era associato ai metalli preziosi che si trovavano nel sottosuolo e alla fertilità del suolo, o forse perché raccoglieva tutti gli esseri viventi nel suo tesoro alla loro morte. Il mondo sotterraneo stesso venne chiamato Ade. Più tardi, in altre culture, Ade divenne un altro termine per indicare l'inferno. Oggi, il pianeta nano Plutone prende il nome dal dio.

Ade ottenne il suo regno dopo che lui e i suoi fratelli rovesciarono il loro padre, Crono, un titano che era stato il dio principale del mondo. La madre di Ade era la titana Rea.

I fratelli di Ade erano Zeus e Poseidone, e le sue sorelle erano Era, Demetra ed Estia. Dopo aver preso il potere da Crono, i tre fratelli tirarono a sorte per dividersi il dominio del mondo. Zeus vinse il comando dei cieli, Poseidone del mare e Ade degli inferi.

Era raro che Plutone lasciasse il suo regno d'ombra. La sua visita più famosa sulla Terra fu quella volta che portò via Persefone contro la sua volontà per farne sua moglie. Demetra, che era la madre di Persefone e la dea dell'agricoltura, fu sopraffatta dalla rabbia e dal dolore, e tutti i raccolti del mondo cessarono di crescere.

Per salvare gli uomini dalla fame, Zeus ordinò ad Ade di liberare Persefone. Lei aveva mangiato un seme di melograno, tuttavia, e a nessuno che mangiava cibo negli inferi era permesso di tornare completamente tra i vivi. Per questo motivo, Persefone doveva vivere con Ade come regina degli inferi per un terzo di ogni anno, ma poteva tornare in superficie per trascorrere il resto dell'anno. Il mito di Persefone è una delle poche storie in cui Ade gioca un ruolo importante.

Domande di ricerca

---

1. Sei interessato a leggere qualcuno dei miti dietro questi dei?
2. Secondo voi, quale dio è il vostro preferito?
3. Descrivi un momento in cui ti sei sentito come se fossi in contatto con uno degli dei greci.

Efesto
Dio del fuoco e della lavorazione dei metalli

Efesto era un fabbro e si diceva che i fuochi dei vulcani fossero le sue officine. Efesto era uno dei 12 dei principali che vivevano sul monte Olimpo.

A differenza degli altri dei dell'Olimpo, però, Efesto era zoppo e brutto. Era sposato con la bella Afrodite, la dea dell'amore, anche se lei gli fu notoriamente infedele con Ares, il dio della guerra. Nell'arte Efesto era spesso rappresentato come un uomo di mezza età con la barba, che indossava un berretto conico da artigiano e portava un martello e pinze, gli strumenti del suo mestiere.

Efesto era il figlio di Era e Zeus. Molti miti raccontano che i suoi genitori lo scacciarono dal cielo (che si trovava sul Monte Olimpo) e che poi ritornò. In una storia, nacque zoppo ed Era lo scacciò per disgusto o vergogna. In un'altra, Zeus lo gettò giù dopo una lite familiare, e fu la caduta a ferirgli le gambe o i piedi. Secondo alcune versioni, approdò sull'isola di Lemnos e lì imparò l'arte della lavorazione dei metalli.

Nella sua fucina divina, Efesto costruì magnifici palazzi e carri per gli dei e numerosi artefatti utili e potenti, comprese le saette per Zeus, le frecce per Apollo e Artemide, le armature per Achille ed Eracle, e una collana maledetta per punire Armonia (la figlia di Afrodite e Ares).

Efesto formò anche Pandora, la prima donna, dall'argilla. Per vendicarsi di Era per averlo scacciato, Efesto le costruì un trono d'oro come trappola. Quando Hera si sedette sul trono, fu legata velocemente da catene infrangibili, che solo Efesto sapeva come sciogliere.

In alcune storie, Zeus offrì Afrodite in sposa come premio a chiunque avrebbe liberato Era. Dioniso convinse Efesto a tornare sul monte Olimpo, a liberare Era e a reclamare Afrodite come sua sposa.

Efesto era originariamente una divinità dell'Asia Minore e delle isole vicine, specialmente Lemnos. Il suo culto si diffuse più tardi ad Atene e in Campania. Il tempio conosciuto come Theseum ad Atene era dedicato a Efesto.

Domande di ricerca

---

1. Quale pantheon del paese preferisci tra Grecia e Roma (se applicabile)? Perché?
2. Conosci gli dei greci e i loro ruoli significativi nell'antica Grecia?
3. Quali miti associa a queste divinità greche?

Hera
Regina dei cieli e come protettrice del matrimonio e delle donne | Divinità del cielo

I romani identificavano la loro dea Giunone con Era.

Era era sia sorella che moglie di Zeus e la regina degli dei. A causa del suo rapporto speciale con le donne, era una delle donne delle dee chiamate durante il parto. (Artemide era un'altra).

Era era la figlia di Crono e Rea, entrambi appartenenti a un gruppo più antico di divinità greche note come i Titani. Oltre a Zeus, i suoi fratelli erano Poseidone e Ade, e le sue sorelle erano Estia e Demetra.

Nella letteratura greca si raccontano molte storie di Era, e un gran numero di esse riguardano la gelosia di Era per le attenzioni che Zeus rivolgeva ad altre donne. Era perseguiva e puniva le sue rivali, sia umane che divine, e spesso tentava di eliminare i figli nati da Zeus da queste rivali. Per esempio, quando Eracle nacque da Zeus e Alcmene, Era mandò due serpenti per uccidere il bambino nella culla. Eracle però sopravvisse.

Era fu responsabile della morte dell'amante di Zeus, Semele, che era incinta di Dioniso in quel momento. Zeus salvò Dioniso e lo tenne nella sua coscia finché non fu pronto a nascere. Era perseguitò anche Leto, che era incinta di Apollo e Artemide da Zeus, costringendola a vagare per tutto il mondo alla ricerca di un luogo sicuro per partorire.

I figli di Era erano Ares (il dio della guerra), Efesto (il dio del fuoco e il fabbro divino), ed Ebe (la dea della gioventù e la coppiera degli dei sul monte Olimpo). Anche Eileithyia (la dea del parto) era talvolta considerata una figlia di Era. In alcuni miti Zeus era il padre dei figli di Era.

Diversi animali erano associati a Era. Il cuculo era identificato con lei, e si dice che Zeus abbia preso la forma di questo uccello quando la corteggiò per la prima volta. I pavoni tiravano il suo carro e anche le mucche erano sacre per lei. Hera era spesso chiamata "dagli occhi di mucca" nei testi antichi. Il significato di questa frase si è perso, ma forse voleva dire "dagli occhi grandi".

Molte opere d'arte degne di nota raffigurano Hera. Forse la più famosa nei tempi antichi era una statua ad Argo fatta d'oro e avorio che la mostrava seduta su un trono. Fu scolpita da Policleto. Era era tipicamente rappresentata nell'arte classica come una giovane donna sposata severa e maestosa.

Hera era venerata in tutta l'antica Grecia. Tra i molti templi a lei dedicati c'erano quelli ad Argo, Olimpia, Micene, Sparta e l'isola di Samo. Era era la dea patrona di Argo e di Samo, entrambe le quali tenevano celebrazioni e processioni in suo onore.

1. Come sarebbe vivere con Zeus, Era, Poseidone, ecc.
2. Cosa pensi di Era come moglie di Zeus?
3. Potresti credere negli dei greci?

Hermes
Dio con numerosi ruoli e il messaggero degli dei

Hermes è uno dei 12 dei principali che vivevano sul monte Olimpo. Aveva numerosi ruoli, molti dei quali erano associati al superamento dei confini, al guadagno o all'inganno. Uno dei suoi compiti era quello di condurre i morti agli inferi. Era anche il dio dei sogni, delle porte e delle strade e il protettore dei viaggiatori.

I pilastri sormontati dalla sua immagine erano usati come marcatori di confine lungo le strade. Hermes era anche un dio della fertilità e il protettore del bestiame e delle pecore, che erano merci preziose. Era il dio dell'eloquenza, della fortuna e del commercio, ma anche dell'astuzia, della frode e del furto.

Hermes era il figlio di Zeus e di Maia, figlia di Atlante. Si diceva che fosse un sottile macchinatore fin dall'inizio. Quando aveva solo poche ore di vita, scappò dalla sua culla e andò in cerca di avventure. Tese delle corde attraverso un guscio di tartaruga, inventando la lira, uno strumento musicale a corde.

Quella sera Hermes rubò 50 mucche da una mandria di Apollo, che era il suo fratellastro maggiore. Per nascondere l'atto, Hermes usò molti trucchi intelligenti, come far camminare le mucche all'indietro in modo che le loro tracce puntassero dalla parte sbagliata. Poi tornò nella sua culla per sembrare un neonato indifeso.

Quando Apollo scoprì l'accaduto, Hermes lo incantò suonando sulla lira, e Apollo gli permise di rimanere impunito in cambio dello strumento. Apollo diede poi a Hermes un bastone d'oro, che in seguito portò nel suo ruolo di messaggero. Apollo gli insegnò anche come usare i sassi per fare profezie.

Questo mito racconta come Hermes sia stato associato ad Apollo e ad alcuni degli attributi di Apollo: divinazione, musica e mandrie di animali. Tra i molti figli di Ermete c'erano Pan, un dio della fertilità che suonava la pipa, delle greggi e dei luoghi selvaggi, e Dafni, il leggendario eroe dei pastori di Sicilia. Nella religione greca, Hermes era probabilmente venerato originariamente in Arcadia, una regione pastorale.

Rapido messaggero, Hermes era spesso rappresentato nell'arte come un giovane snello che indossava sandali alati e un cappello da viaggiatore a tesa larga ornato da due piccole ali. Era anche mostrato con il suo bastone, che era l'attributo tradizionale degli araldi, o messaggeri. Era raffigurato prima come un bastone decorato con nastri e poi come un bastone con un paio di ali e due serpenti intrecciati.

Il bastone è spesso chiamato con il suo nome latino, caduceo. A causa della sua somiglianza con il bastone di Asclepio, il dio greco della medicina, il caduceo è stato adottato nei tempi moderni come simbolo dei medici. Il bastone di Asclepio aveva solo un serpente, tuttavia.

Domande di ricerca

1. Qual è il ruolo di Hermes nel pantheon greco?
2. La barba di Zeus aveva più di cento trecce, ma suo figlio Hermes non ne aveva neanche una; perché?
3. Qual è la sua qualità di dio greco preferita e perché?

Hestia
Dea del focolare, della casa e della famiglia

Hestia è associata alla dea romana Vesta.

Estia è una delle 12 divinità principali che vivevano sul Monte Olimpo. Estia nacque dai Titani Crono e Rea ed era la sorella di Demetra, Era, Ade, Poseidone e Zeus. Ad un certo punto, sia Poseidone che Apollo inseguirono Hestia come pretendenti.

Estia temeva che la discordia sarebbe scoppiata sull'Olimpo se avesse scelto di sposare uno piuttosto che l'altro. Per assicurare la pace, Hestia giurò di rimanere vergine per sempre, e in segno di gratitudine Zeus le concesse l'onore di presiedere a tutti i sacrifici.

A causa dell'importanza di Hestia per la casa e la famiglia, un'offerta veniva fatta a lei all'inizio e alla fine di ogni pasto e tutti i bambini appena nati venivano portati intorno al focolare prima di essere accettati nella famiglia. Oltre al culto di Hestia nelle case greche, molte città-stato in

Grecia avevano un focolare civico nel municipio che teneva acceso un fuoco sacro per lei.

---

1. Chi sarebbe il tuo olimpionico meno simpatico da frequentare per un giorno?
2. Qual è la cosa che ti ha dato fastidio dell'antica Grecia?
3. Qual è la cosa più strana che ha fatto un dio greco?

Poseidon
Dio del mare, dell'acqua e dei terremoti

Poseidone è imprevedibile e spesso violento. Rappresenta spesso il potere distruttivo del mare. Era anche strettamente associato ai cavalli. Nell'arte, Poseidone era tipicamente mostrato come un uomo barbuto che porta un tridente (una lancia da pesca a tre punte) e accompagnato da un delfino o un tonno.

Poseidone viaggiava sul mare in un carro trainato da creature che avevano la testa e il corpo dei cavalli e la coda dei pesci. Poseidone era uno dei 12 dei principali che vivevano sul monte Olimpo.

Poseidone era uno dei figli dei Titani Crono e Rea e il fratello di Zeus, Ade, Era, Demetra ed Estia. Crono era il dio principale, ma i suoi figli lo spodestarono. Zeus, Ade e Poseidone si divisero allora il dominio del mondo tirando a sorte. Zeus vinse il controllo dei cieli e divenne il dio principale, mentre Ade divenne il dio degli inferi. Il dominio del mare passò a Poseidone.

Poseidone calmava o guidava le onde per le persone che favoriva, proteggendole e velocizzando il loro cammino durante i viaggi in mare. Spesso vendicativo e veloce all'ira, mandava anche potenti tempeste marine e creature marine per punire coloro che attiravano la sua ira.

Un mito racconta che aiutò a costruire le mura per proteggere la città di Troia, ma il re di Troia, Laomedonte, si rifiutò di pagargli il compenso pattuito. Poseidone mandò allora un mostro marino a terrorizzare Troia, e nella guerra di Troia si schierò con la Grecia contro Troia. Più tardi, Poseidone perseguitò implacabilmente l'eroe greco Odisseo per aver accecato suo figlio Polifemo.

Poseidone generò numerosi figli da sua moglie, la ninfa marina Anfitrite, e dalle sue numerose amanti. Molti dei suoi figli, tra cui Polifemo, Orione e Anteo, erano giganti o creature selvagge che ereditarono il suo temperamento violento. Da Medusa ebbe il divino cavallo alato Pegaso, e da Demetra il divino cavallo Arione.

Il festival principale tenuto in onore di Poseidone era i Giochi Istmici. Il festival includeva gare atletiche e musicali e si svolgeva vicino all'istmo di Corinto.

Domande di ricerca

1. Come pensi che Poseidone dovrebbe essere ritratto ai giorni nostri (in modo diverso)?
2. Se tu potessi risolvere il loro problema finale scegliendo un oggetto da ciascuno dei loro domini, quali sceglieresti rispettivamente per Zeus, Ade, Poseidone?
3. Se potesse essere un qualsiasi dio greco per un giorno, chi sarebbe e perché?

Zeus
Re degli dei e sovrano del monte Olimpo | Divinità del cielo

I romani identificavano il loro dio principale, Giove, con Zeus.

Zeus è il più grande degli dei nell'antica religione e mitologia greca. Era spesso chiamato il "padre degli dei e degli uomini", il che significa che era il loro capo governante e protettore. Era il protettore dei re in particolare, il sostenitore della legge e dell'ordine, e il vendicatore dei giuramenti infranti e altre offese.

Zeus vegliava sullo stato e sulla famiglia, sugli ospiti e sui viaggiatori. La sua mano brandiva i fulmini e guidava le stelle; controllava i venti e le nuvole e regolava l'intero corso della natura. Zeus, con gli altri dei sul monte Olimpo, governava gli affari del genere umano.

Secondo le storie antiche, prima che Zeus arrivasse al potere, i Titani governavano l'universo. Zeus era il figlio di due Titani: Crono, che allora era il dio dominante, e Rea, sua moglie.

Gli altri loro figli - i fratelli di Zeus - erano Estia, Demetra, Era, Ade e Poseidone. Prima della nascita di Zeus, una profezia avvertì Crono che uno dei suoi figli lo avrebbe spodestato, così li inghiottì tutti. Quando Zeus nacque, tuttavia, Rea lo nascose in una grotta a Creta e diede a Crono una pietra avvolta come un bambino da ingoiare al suo posto.

Più tardi, quando Zeus fu cresciuto, tornò e costrinse suo padre a vomitare i suoi fratelli. Zeus condusse poi una lunga guerra contro Crono e gli altri Titani, finendo per rovesciarli. Resistette anche agli attacchi dei giganti e alle cospirazioni degli altri dei contro di lui.

Dopo aver preso il potere, Zeus e i suoi due fratelli tirarono a sorte per dividersi il dominio del mondo. A Zeus fu assegnato l'impero del cielo e dell'aria, ad Ade quello delle regioni infernali e a Poseidone quello del mare. La Terra fu lasciata sotto il potere congiunto dei tre.

La moglie di Zeus era Era, regina degli dei. Lui le era spesso infedele sia con le dee che con le donne umane. Le relazioni di Zeus facevano infuriare Era. Per fare le sue conquiste, a volte assumeva la forma di un animale - appare come un toro, per esempio, quando rapisce Europa, e come un cigno quando stupra Leda.

Zeus generò numerosi figli, tra cui Ares ed Efesto, da Era; Apollo e Artemide, da Leto; Hermes, da Maia; Persefone, da Demetra; Dioniso, da Semele; Elena e Polideuce (Polluce), da Leda; Eracle, da Alcmene; e Perseo, da Danae.

Zeus era l'unico genitore di Atena, che scaturì dalla sua fronte completamente cresciuta. Zeus era anche il padre delle Muse, delle Grazie e, secondo alcuni racconti, di Afrodite.

Molte delle storie delle storie d'amore e dei matrimoni degli dei greci possono sembrare strane ora, ma alcuni studiosi di religione credono che fossero spesso un modo per incorporare divinità straniere provenienti da aree appena acquisite dalla Grecia nel pantheon degli dei greci. Molte volte, la progenie di Zeus e di una donna mortale divenne il leggendario fondatore di una famosa città dell'antica Grecia, permettendo a coloro che vivevano nella città di rivendicare un antenato divino.

Nell'arte Zeus era tipicamente raffigurato come un uomo dignitoso e maturo con la barba. Dio del tempo e del cielo, era spesso raffigurato mentre scagliava saette, che erano la sua arma tradizionale, e accompagnato da un'aquila.

Come dio supremo, Zeus era venerato in tutta la Grecia. Molti dei suoi santuari erano situati sulle cime delle montagne o in case private. Tra i maggiori templi a lui dedicati c'era il grande Tempio di Zeus a Olimpia.

Era il sito degli antichi Giochi Olimpici, che si tenevano in onore di Zeus. Quel tempio conteneva anche una statua di Zeus di Fidia che era considerata una delle sette meraviglie del mondo antico. La figura, che fu creata nel 430 a.C. circa, era alta circa 12 metri ed era fatta di avorio e oro.

Domande di ricerca

---

1. Che tipo di Dio è Zeus?
2. Sei un fan di Zeus o di Hera, e perché?
3. Quali sono i vostri pensieri sull'origine di Zeus?

Titani e Titanesse

Cronus
Dio dei raccolti | Divinità ctonia

Crono fu poi identificato con il dio romano Saturno.

Crono era il dio che regnava prima di Zeus. Era il più giovane dei Titani originali, un gruppo di 12 figli nati da Urano (il cielo) e Gea (la terra).

Urano odiava i Titani, e li imprigionò nel corpo di Gea (cioè nella Terra). Con una falce (una lunga lama ricurva) fornita da Gea, Crono castrò Urano e separò così il cielo dalla terra. Crono liberò i Titani e divenne il loro re. Usurpato il suo potere, Urano predisse che un giorno anche Crono sarebbe stato rovesciato da uno dei suoi figli.

Con sua sorella Rea, un altro titano, Crono ebbe molti figli, tra cui le dee Hestia, Demetra ed Era e gli dei Ade e Poseidone. Per evitare che la profezia di suo padre si avverasse, Crono ingoiò tutta la sua prole alla nascita. Quando Zeus nacque, tuttavia, Rea lo nascose a Creta e ingannò Crono a ingoiare una pietra avvolta in fasce.

Dopo che Zeus crebbe, salvò i suoi fratelli costringendo Crono a vomitarli. Zeus e i suoi fratelli si ribellarono, combattendo una lunga guerra contro Crono e la maggior parte dei Titani e infine rovesciandoli. Secondo alcuni miti, Crono fu mandato nel Tartaro, la regione più profonda degli inferi, dove gli dei rinchiudevano i loro nemici. In altre versioni della storia, rimase re dell'Età dell'Oro.

Crono non era ampiamente venerato come dio nell'antica religione greca, anche se probabilmente era venerato dai popoli prima di loro. Era associato all'agricoltura e raffigurato con in mano una falce o una spada ricurva.

Domande di ricerca

---

1. Quale dio pensi che abbia la migliore storia di fondo?
2. Quale Olimpo venereresti se avesse il potere assoluto su di noi?
3. Se potessi fare un regalo a un dio greco, a chi lo faresti e che regalo gli faresti?

Gea

Gea, o Ge, è la personificazione della Terra come una dea

Secondo alcuni miti di creazione, Gea sorse dal Caos o da Nyx (Notte). Il primo figlio che partorì fu Urano (il Cielo); divenne anche sua moglie.

Urano e Gea generarono molti figli, compresi i Ciclopi e i Titani. Urano odiava alcuni dei figli nati da questa unione. Gettò i Ciclopi negli inferi per la loro disobbedienza e nascose i Titani in Gea (cioè nella Terra) subito dopo la loro nascita.

Gea si indignò per questo trattamento dei suoi figli e incoraggiò uno dei Titani, Crono, a ribellarsi. Con una falce (lunga lama ricurva) che lei gli diede, Crono castrò suo padre, separando così Terra e Cielo. Il sangue che poi cadde su Gea produsse le Furie, i Giganti e le Meliae (ninfe dei frassini). Alcuni studiosi di religione credono che Gea fosse una dea femminile adorata in Grecia prima dell'introduzione del culto di Zeus.

1. Chi è il tuo dio preferito degli antichi greci e perché?
2. Quando useresti questo particolare potere di Dio?
3. Pensi che i miti greco-romani abbiano un fondo di verità?

Atlas
Il dio Titano che portava il cielo in alto

Atlante era il figlio del titano Iapeto e della ninfa Climene. Il mito più comune riguardante Atlante, raccontato dai poeti Omero ed Esiodo, racconta che Atlante sosteneva i pilastri che tenevano separati il cielo e la terra.

Secondo Esiodo, questo lavoro incessante era una punizione che Zeus aveva dato ad Atlante per essersi schierato con i Titani nella guerra contro Zeus. Nelle opere d'arte, Atlante è spesso rappresentato mentre porta il cielo o un globo sulle spalle.

Il poeta Ovidio racconta che l'eroe Eracle (Ercole nell'antica mitologia romana) visitò Atlante per avere aiuto in una delle sue 12 fatiche. Eracle doveva andare a prendere le mele d'oro conservate alla fine del mondo dalle Esperidi, che erano figlie di Atlante.

Atlante accettò di andare a prendere le mele se Eracle avrebbe retto il cielo mentre lui era via. Atlante tornò con le mele, ma non voleva riprendersi il suo fardello. Ma Eracle ingannò Atlante a riprendere il suo compito.

Un mito alternativo raccontava che Atlante era un re in Africa che fu trasformato in una montagna dall'eroe Perseo. In quella storia, Perseo mostrò ad Atlante la testa della Gorgone Medusa (che trasformava gli uomini in pietra) come punizione per l'inospitalità di Atlante. Una serie di catene montuose in Nord Africa sono chiamate le montagne dell'Atlante.

Domande di ricerca

1. Cosa ne pensi di Atlante che porta il mondo sulle sue spalle?
2. Pensi che Atlas meriti più riconoscimento?

Prometeo
Dio del fuoco

Prometeo era uno dei Titani e il supremo ingannatore. Il suo lato intellettuale era enfatizzato dal significato apparente del suo nome, Foresight. Nella credenza comune si sviluppò in un maestro artigiano, e a questo proposito, fu associato al fuoco e alla creazione dell'uomo.

Il poeta greco Esiodo raccontò due leggende su Prometeo. La prima è che Zeus, che era stato ingannato da Prometeo ad accettare le ossa e il grasso del sacrificio invece della carne, nascose il fuoco ai mortali.

Prometeo, tuttavia, lo rubò e lo restituì alla Terra. Come prezzo del fuoco, e come punizione generale per i mortali, Zeus creò la donna Pandora e la mandò giù a Epimeteo, che la sposò nonostante gli avvertimenti di suo fratello Prometeo.

Pandora tolse il grande coperchio dalla giara che portava, e i mali, il duro lavoro e le malattie volarono fuori a tormentare i mortali. Solo la speranza rimase nel suo vaso. Esiodo racconta nella sua seconda leggenda che Zeus punì Prometeo incatenandolo ad una roccia e mandando un'aquila a mangiare il suo fegato immortale, che si riempiva costantemente.

Il trattamento letterario della leggenda di Prometeo continuò con Prometeo legato di Eschilo. Il drammaturgo greco fece di Prometeo non solo il portatore del fuoco agli umani ma anche il loro conservatore, dando loro tutte le arti e le scienze così come i mezzi di sopravvivenza.

Prometeo si dimostrò essere per le epoche successive una figura archetipica di sfida contro il potere tirannico. Prometeo nei suoi molteplici aspetti è stato l'ispirazione per molti altri scrittori, tra cui Luciano, Giovanni Boccaccio, Pedro Calderón de la Barca, J.W. von Goethe, Johann Gottfried von Herder, Percy Bysshe Shelley e Ramón Pérez de Ayala.

Domande di ricerca

1. Preferisci gli dei greci ad altri pantheon come quello norreno e celtico?
2. Se ci fosse una festa a scuola a tema olimpico, ci andresti e da chi saresti vestito?
3. Cosa hanno in comune molti dei greci?

Divinità del cielo

Phaëthon
Divinità del cielo

Fetonte è il figlio di Elio, il dio sole greco, e della ninfa Climene. Fetonte visitò il palazzo del sole e chiese a Elio se fosse davvero suo padre.

Elio rispose di sì, e come prova Elio giurò sul sacro fiume Stige che avrebbe concesso al figlio qualsiasi cosa chiedesse. Fetonte chiese di poter guidare il carro del sole attraverso il cielo.

Iniziò audacemente il suo viaggio. Molto presto, però, perse il controllo dei cavalli infuocati del sole. Correndo a capofitto fuori dalla loro rotta, attirarono il sole così in basso che le cime delle montagne furono bruciate. Infine, anche gli alberi, l'erba e il grano nei campi furono bruciati.

Quando Zeus vide che la Terra stava per essere distrutta, scagliò un fulmine contro Phaëthon, che cadde sulla Terra. Il suo nome passò in inglese come phaeton, il nome di un veicolo a quattro ruote trainato da cavalli e più tardi un'automobile.

1. Quali sono i tuoi pensieri su come gli dei greci riflettono la loro società?
2. Hai una leggenda greca preferita?
3. Se tu fossi un dio greco, quale sarebbe la tua divinità?

Urano

La personificazione dei cieli o del cielo | Divinità primordiale

All'inizio di uno degli antichi miti greci sulla creazione, Gea, o Madre Terra, emerse dal Caos, uno stato primordiale e disordinato. Gea produsse poi Urano, le Montagne e il Mare. La successiva unione di Gea con Urano portò a diversi gruppi di figli, compresi i Ciclopi e i Titani.

Urano, o Ouranus, non amava i Titani e li nascose nel corpo di Gea (la Terra). Lei fece appello ai bambini, e uno di loro, Crono, castrò suo padre con una falce. Dal sangue che cadde da Urano su Gea nacquero le ninfe, i Giganti e le Furie.

Le Furie erano dee della vendetta che perseguivano e punivano i colpevoli di omicidio, specialmente quelli colpevoli di aver ucciso il padre o la madre. I genitali recisi di Urano galleggiavano sul mare, formando una schiuma che produceva la dea dell'amore, Afrodite.

Castrando suo padre, Crono separò il cielo dalla terra. Urano predisse che anche Crono sarebbe stato rovesciato da uno dei suoi figli, come avvenne quando Zeus più tardi sconfisse Crono. In alcune versioni della storia, Urano muore dopo essersi ritirato dalla Terra.

1. Cosa vuoi sapere sugli dei greci?
2. Quali parti del nostro tempo moderno hanno inventato i greci?
3. Chi sono gli dei greci meno popolari?

Eolo

**Divino custode dei venti e re della mitica isola galleggiante di Aiolia
(Aeolia)**

Re di Magnesia in Tessaglia; sua figlia Canace e suo figlio Macareus
commisero un incesto e poi si tolsero la vita. La loro storia fornì il soggetto
dell'opera perduta di Euripide 'Eolo'. Eolo diede il suo nome a Eolis, un
territorio sulla costa occidentale dell'Asia Minore (nell'attuale Turchia).

Domande di ricerca

1. Quale personaggio mitologico pensi sia più attraente in base alla
   sua personalità o ai suoi talenti?
2. C'è un dio o una dea che ti piace più degli altri e perché lo pensi?
3. Quali sono alcuni fatti divertenti sugli dei greci?

Divinità ctonie

Erinni (Furie)
Dee del castigo

Le Furie erano dee che rappresentavano la vendetta. Perseguitavano e punivano i malvagi, specialmente quelli colpevoli di omicidio. Secondo il poeta Esiodo, le Furie nacquero quando il Titano Crono castrò suo padre, Urano, la personificazione del cielo.

Il sangue che cadde sulla madre di Crono, Gea, o Madre Terra, produsse diversi gruppi di figli, tra cui le Furie. Altri autori parlano di loro come delle figlie di Nyx (Notte) o di Erebos (Tenebre).

Le Furie possono aver avuto origine nella religione greca come divinità locali che alla fine sono diventate il fulcro di un culto più ampio, o forse fin dall'inizio sono state pensate come i fantasmi dei morti assassinati o come la personificazione delle maledizioni imposte agli assassini. Fu il drammaturgo Euripide che per primo li numerò come tre.

In seguito furono chiamati Alecto (incessantemente arrabbiato), Tisiphone (vendicatore dell'omicidio) e Megaera (geloso). Vivevano negli inferi e salivano sulla Terra per perseguire e tormentare i malvagi. Sono rappresentati come se avessero serpenti per capelli e piangessero sangue umano.

Il nome delle Furie deriva dalla parola latina Furiae. Il loro nome greco era Erinyes. Poiché i greci temevano di pronunciare il loro nome, tuttavia, a volte chiamavano queste dee con il nome eufemistico di Eumenidi (Gentili).

Il più noto dei racconti sulle Furie proviene dall'Orestea, una serie di tre drammi di Eschilo su una famiglia appartenente alla casa di Atreo. Nella trama della seconda opera, Choephoroi (Portatori di libagioni), il personaggio Oreste si trova in una situazione difficile. Sua madre, Clitennestra, aveva ucciso suo padre, Agamennone. Oreste doveva vendicare la morte di suo padre, cosa che fece uccidendo Clitennestra.

Ma uccidere la propria madre era un grande peccato nella società greca. Nel terzo dramma, Eumenidi, le Furie perseguitano Oreste per punirlo dell'omicidio di sua madre. Alla fine dell'opera la dea Atena interviene a favore di Oreste, perdonandolo e richiedendo che le Furie non perseguano più le persone per vendetta.

In cambio Atena promette che le dee saranno potenti e venerate dagli umani. Molte delle nostre concezioni delle Furie provengono dalla versione di Eschilo della loro storia e dalle opere di Euripide e Sofocle.

Domande di ricerca

1. Qual è il tuo mito/eroe preferito che coinvolge gli dei greci e perché?
2. Perché ti piace studiare le diverse credenze e culture religiose?
3. Qual è il modo migliore per educare i bambini su questi dei e le loro storie, secondo voi?

Ecate
Dea dell'oscurità e della stregoneria

Ecate fu accettata molto presto nella religione greca, ma probabilmente era originariamente una dea dei Cariani nell'Asia Minore sud-occidentale.

Negli scritti di Esiodo, Ecate è la figlia del titano Perses e della ninfa Asteria. Esiodo rappresentava Ecate come avente potere sul cielo, sulla terra e sul mare; quindi, ella dona ricchezza e tutte le benedizioni della vita quotidiana.

Ecate era la dea principale che presiedeva alla magia e agli incantesimi. Fu testimone del rapimento della figlia di Demetra, Persefone, negli inferi. Torcia in mano, Ecate assistette alla ricerca di Persefone.

Così, nell'antica Grecia i pilastri chiamati Ecatea si trovavano agli incroci e alle porte, forse per tenere lontani gli spiriti maligni. Nell'arte greca, Ecate era spesso rappresentata con una lunga veste e con in mano delle torce accese.

Nelle rappresentazioni successive era in forma tripla, con tre corpi in piedi schiena contro schiena, probabilmente in modo che potesse guardare in tutte le direzioni contemporaneamente dall'incrocio. Ecate era accompagnata da branchi di cani che abbaiavano.

1. Sei mai stato a casa di una strega che avesse qualche somiglianza con Ecate, come oggetti neri, cristalli, luce di candela, o cose appese a testa in giù?
2. Qual è il tuo mito o storia preferita su Ecate?
3. Perché pensi che la gente venerasse così tanto questa dea durante il periodo ellenistico?

Minos

Re di Creta | Mortale divinizzato ed eroe

Minosse era il figlio di Zeus e di Europa. Sposò Pasifae, la figlia di Helios, il dio del sole. Ebbero diversi figli, tra cui Arianna e Fedra (che poi sposò Teseo).

Tutto andò bene fino a quando il dio Poseidone mandò un toro a Creta per essere sacrificato. Minosse invece tenne l'animale in vita. Come punizione, Poseidone fece sì che Pasifae avesse un amore innaturale per il toro. La prole di questo amore fu il Minotauro, un mostro con il corpo di un uomo e la testa di un toro.

Minosse fece rinchiudere il Minotauro in un labirinto costruito dall'inventore Dedalo. Minosse decretò allora che sette ragazzi e sette ragazze di Atene sarebbero stati periodicamente sacrificati al Minotauro, che mangiava solo carne umana. (Gli ateniesi avevano ucciso un figlio di Minosse, e questa era la sua vendetta). Con l'aiuto di Arianna, Teseo trovò il Minotauro e lo uccise, liberando così Atene da questo oneroso tributo.

Dedalo aveva aiutato Arianna riguardo al labirinto, così Minosse imprigionò lui e suo figlio Icaro in una torre. Quando riuscirono a fuggire usando ali fatte di cera e piume, Minosse li inseguì.

Icaro annegò, ma Dedalo raggiunse la Sicilia, dove fu amico di Cocalus, un re locale. Questa amicizia porta il re (o le sue figlie) ad uccidere Minosse nel suo bagno poco dopo il suo arrivo in Sicilia. Minosse fu poi fatto giudice nell'Ade, gli inferi.

La civiltà dell'età del bronzo a Creta fu chiamata Minoica, dal nome del re Minosse, dall'archeologo britannico Arthur Evans. Molti studiosi ora pensano che Minos fosse un titolo per i governanti sacerdotali di quella civiltà.

Domande di ricerca

1. Perché pensi che le religioni moderne siano così critiche nei confronti della sessualità e della nudità?
2. Qual è il tuo personaggio secondario preferito nella mitologia?
3. Chi è il dio/la dea più incompreso e perché?

Persefone
Dea regina degli inferi

I romani chiamavano Persefone Proserpina.

Persefone era la figlia di Zeus, il dio principale, e di Demetra, la dea dell'agricoltura. Contro la sua volontà, divenne la moglie di Ade, il dio degli inferi, che era il regno sotterraneo dei morti.

Si dice che Persefone stesse raccogliendo fiori in un prato quando Ade la rapì. In alcune versioni del mito, Zeus aveva dato ad Ade il permesso di sposarla. Demetra, d'altra parte, era sopraffatta dal dolore per la perdita di sua figlia nell'oscuro regno dei morti.

Persefone non avrebbe permesso la crescita di alcun raccolto mentre sua figlia non c'era. Per evitare che gli esseri umani morissero di fame, Zeus alla fine ordinò ad Ade di restituire Persefone a Demetra. Ade aveva dato a Persefone un seme di melograno da mangiare, tuttavia, e chiunque mangiasse del cibo negli inferi rimaneva legato ad esso. Per questo motivo,

Persefone doveva vivere con lui come regina degli inferi per un terzo di ogni anno. Tornava da sua madre per i restanti due terzi dell'anno.

Questo mito rende conto del cambiamento delle stagioni e del ciclo annuale di crescita e decadenza della vegetazione. I mesi che Persefone passava sottoterra ogni anno sarebbero stati l'inverno, e il suo ritorno a Demetra sarebbe stato in primavera.

63

---

1. Qual è il tuo nome alternativo di mitologia greca?
2. Preferiresti avere un dio personale o essere tutti gli dei del mondo?
3. Cosa hanno insegnato di più all'umanità le amanti degli dei?

Giganti e altri "giganti

Ciclopi
Una tribù di giganti mangia-uomini con un occhio solo

Un gigante mostruoso con un solo occhio al centro della fronte, il ciclope si trova in tutta la mitologia greca. La parola per più di un ciclope è Cyclopes.

Nel racconto di Esiodo sulla vita degli dei, c'erano tre ciclopi: Arges, Brontes e Steropes, figli del cielo e della terra che producevano le saette di Zeus. Nell'Odissea di Omero, invece, erano una colonia di giganti mangia-uomini che si diceva vivessero nelle caverne sulle montagne della Sicilia.

Odisseo con 12 uomini sbarcò sull'isola dei Ciclopi e si imbatté nella grotta del ciclope Polifemo. Dopo aver bloccato l'ingresso con un'enorme pietra, Polifemo iniziò a cenare con gli uomini di Odisseo. Odisseo fece ubriacare Polifemo, lo accecò e fuggì con il resto dei suoi uomini.

Polifemo chiese vendetta a suo padre, Poseidone, dio del mare, che agitò le acque in modo che Ulisse non potesse tornare a casa per dieci anni. Altre tradizioni includono la storia di Polifemo che si innamora perdutamente di una ninfa del mare, Galatea.

Ai ciclopi si attribuisce anche la costruzione di antiche città murate come Tirinto in Grecia. Le mura fatte di pietra non squadrata sono ancora chiamate ciclopiche.

1. Qual è la tua storia preferita su un dio che è stata raccontata nella mitologia?
2. Se potesse tornare indietro nel tempo e cambiare la mitologia di un dio greco, chi sarebbe?
3. Qual è la sua storia di storia greca preferita e perché?

Typhon
Un mostruoso gigante serpentino e una delle creature più letali della mitologia greca

Gli scrittori successivi identificarono Tifone con il dio egizio Seth.

Tifone era un mostro macabro con 100 teste di drago. Il suo nome si scriveva anche Tifone, ed era anche chiamato Tifeo. Era il figlio più giovane di Tartaro (la personificazione degli inferi) e di Gea (Terra).

Il dio Zeus conquistò Tifone e lo gettò negli inferi. In altri racconti, Tifone era confinato nella terra degli Arimi in Cilicia o sotto l'Etna o in altre regioni vulcaniche, dove era la causa delle eruzioni. Tifone era quindi la personificazione delle forze vulcaniche.

Tifone era sposato con il mostro Echidna, che era parte donna e parte serpente. Essi ebbero molti figli mostruosi, tra cui Cerbero (il cane a tre teste che faceva la guardia agli inferi), l'Idra (un mostro a più teste) e la

Chimera (una creatura che era in parte leone, in parte capra e in parte drago).

Tifone era anche il padre dei venti pericolosi (tifoni).

---

1. Quale creatura mitica ammira di più e perché?
2. Conosci più fatti sugli dei classici che su quelli più recenti?
3. Se poteste scegliere qualsiasi dio del pantheon, per cosa lo vorreste?

Divinità rustiche

Aristaeus

Dio minore, protettore e creatore di varie arti | Sfidò i mortali

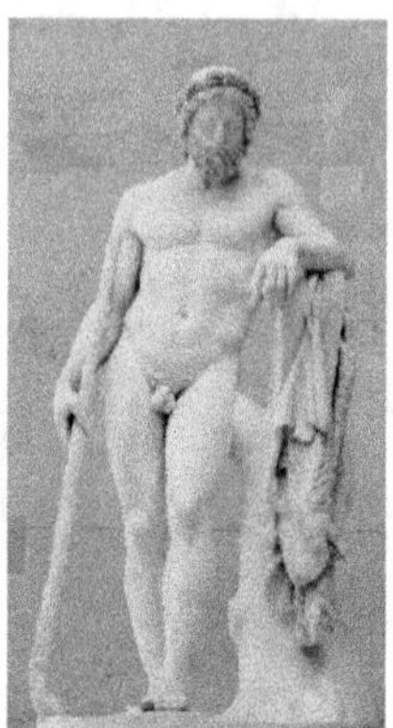

Divinità greca, il cui nome deriva da aristos (migliore); il culto era diffuso, ma i miti che lo riguardano sono piuttosto oscuri; si pensa che sia figlio di Apollo e della ninfa Cirene; nacque in Libia ma in seguito andò a Tebe, dove le Muse lo istruirono nelle arti della guarigione e della profezia; divenne genero di Cadmo e padre di Atteone; dopo aver viaggiato molto, raggiunse la Tracia.

In Tracia, scomparve infine nei pressi del monte Haemus; divinità benevola che introdusse la coltivazione delle api, della vite e dell'ulivo; protettore dei pastori e dei cacciatori; rappresentato come giovane uomo vestito da pastore e che talvolta porta una pecora.

Domande di ricerca

---

1. Chi pensi che sia il dio o la dea più ragionevole della mitologia?
2. Se tu fossi un dio mitologico, quale sarebbe il tuo dominio?
3. Quale dio greco potrebbe essere il tuo spirito animale?

Pan
Il dio del selvaggio, della caccia e compagno delle ninfe

Gli dei romani Faunus e Silvanus condividono molti attributi di Pan e potrebbero essersi evoluti da lui. Alcune rappresentazioni cristiane del diavolo hanno una sorprendente somiglianza con Pan.

Pan era un dio rurale dei luoghi selvaggi che era associato all'allegria e alla baldoria. Era venerato originariamente in Arcadia e alla fine in tutte le zone della Grecia. Pan aveva la forma di un uomo con le gambe, le corna e le orecchie di una capra.

Pan era il dio che sorvegliava le greggi e i caprai e i pastori che le custodivano, ed era anche un dio della fertilità. Nei boschi e in altri luoghi bui e solitari di notte, i rumori che si sentivano erano attribuiti a Pan; così, la parola panico venne a significare lo spavento che un tempo era attribuito all'essere in prossimità di Pan.

Nella maggior parte dei racconti il dio Hermes è il padre di Pan. Sua madre a volte si dice che sia Penelope, la moglie dell'eroe Odisseo. In alcune storie Hermes venne da Penelope sotto forma di capra, spiegando così le parti caprine di Pan. In alcuni racconti comici Pan è la progenie di Penelope e di tutti i pretendenti che l'hanno corteggiata durante l'assenza di Odisseo.

Come i pastori del tempo, Pan era un pifferaio, e la sua grande gioia era quella di suonare la musica e danzare con le ninfe nelle foreste. Le pipe che si dice suonassero - uno strumento a fiato fatto di canne di diverse lunghezze messe in fila - sono chiamate panpipes o syrinx.

Una storia racconta che creò le panpipes dopo aver inseguito una ninfa di nome Syrinx. Pan, che era noto per la sua amoralità, l'aveva quasi catturata quando lei gridò aiuto a suo padre, un dio del fiume.

Il padre di Pan la trasformò in un letto di canne che cresceva sulla riva. Pan tagliò alcune canne e fece delle panpipes per consolarsi della sua perdita.

Domande di ricerca

1. Le storie di queste divinità greche ti ricordano mai di non procrastinare o essere pigro nei lavori scolastici?
2. Quali sono alcune buone ragioni per cui la gente fa sacrifici agli dei?
3. Quale creatura mitologica è un simbolo di fedeltà nella mitologia greca?

Divinità agricole

Adonis

Il dio del rinnovamento permanente, della fertilità, della bellezza e del desiderio

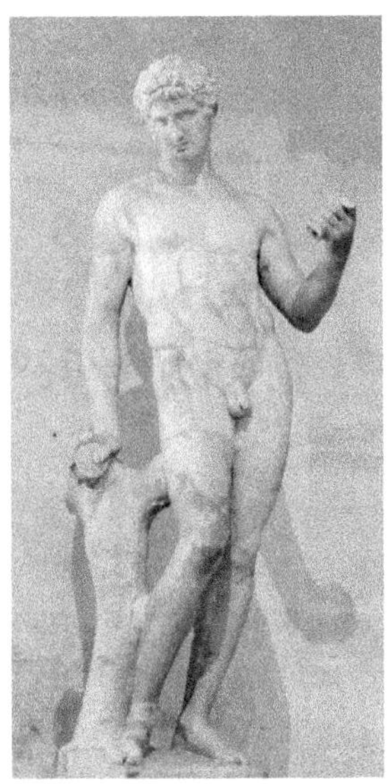

La natura ciclica delle stagioni così come il mistero della crescita naturale sono incarnati in Adone, il bel dio della vegetazione e della natura, secondo la mitologia greca e fenicia.

La festa fenicia annuale di Adonia commemorava Adone come dio della fertilità e dell'abbondanza. Il nome Adone deriva dalla parola semitica adonay (mio signore, mio padrone).

Adone nacque da un albero, in cui sua madre si era trasformata. La dea Afrodite fu così presa dalla bellezza di Adone che lo nascose in un forziere, o scrigno, da bambino. Raccontò questo segreto a Persefone, un'altra dea. All'insaputa di Afrodite, Persefone aprì lo scrigno.

Quando vide Adone, anche lei fu colpita dalla sua bellezza. Lo rapì e si rifiutò di abbandonarlo. Afrodite si appellò al dio Zeus, che decretò che Adone dovesse passare metà dell'anno sulla terra con Afrodite (a simboleggiare il ritorno annuale della primavera) e l'altra metà negli inferi con Persefone (a simboleggiare il ritorno annuale dell'autunno). Un giorno, ancora giovane, Adone fu ucciso da un cinghiale che aveva ferito con la sua lancia.

Diverse leggende botaniche sono nate dalla storia della morte di Adone. Secondo alcuni, gli anemoni spuntarono dalla terra dove cadde il sangue di Adone, e le rose spuntarono dalle lacrime versate da Afrodite per Adone. I giardini in cui le piante sono indotte a fiorire rapidamente (e quindi a morire rapidamente) sono chiamati giardini di Adone, a simboleggiare il suo destino.

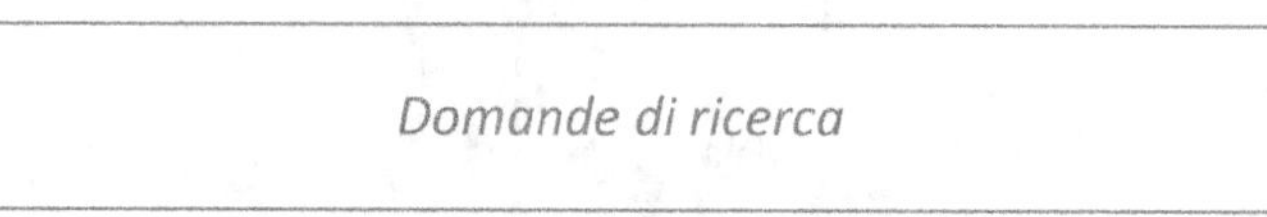

Domande di ricerca

1. A quale storia o mito principale ha finito per credere di più?
2. Chi sono alcuni dei greci meno conosciuti o figure storiche che meritano un maggiore riconoscimento?
3. Se dovessi iniziare un nuovo costume di Halloween quest'anno, quale degli dei greci rappresenteresti e perché?

Divinità della salute

Esculapio (Asclepio)
Il dio della medicina

Il dio greco della medicina, Asclepio - in latino, Esculapio - appare nell'arte tenendo un bastone con un serpente arrotolato intorno. Il serpente, che gli era sacro, simboleggiava il rinnovamento della giovinezza perché si spoglia della sua pelle.

Esculapio era il figlio di Apollo e Coronis. Il centauro Chirone lo allevò e gli insegnò l'arte della guarigione. Sua figlia Igea personificava la salute e sua figlia Panacea la guarigione. Due dei suoi figli appaiono nell'Iliade di Omero come medici dell'esercito greco.

I loro presunti discendenti, chiamati Asclepiadae, formavano un grande ordine di sacerdoti-fisici. I sacri segreti della medicina appartenevano solo a loro e venivano trasmessi di padre in figlio.

Le Asclepiadi praticavano la loro arte in magnifici templi della salute, chiamati Asclepieia. I templi erano in realtà dei sanatori dotati di palestre, bagni e persino teatri.

Il paziente veniva prima messo a dormire. Il suo sogno, interpretato dai sacerdoti, doveva fornire indicazioni per il trattamento. Tutte le guarigioni erano registrate come miracoli.

1. Pensi che ci siano dei rimedi dell'antica Grecia che non sono stati tramandati alle medicine moderne? Qual è il tuo personaggio secondario preferito nella mitologia?
2. Qual è la tua storia preferita di Esculapio dalla mitologia?
3. Cosa sai della connessione tra Apollo ed Esculapio?
4. Chi è il dio della guarigione nella religione romana?

Altre divinità

Charites (Le Grazie)
Dee della fertilità, del fascino e della bellezza

Le Cariti erano spesso associate alla dea dell'amore, Afrodite. Si dice che fossero le figlie di Zeus e di Era o di Eurynome, che era una figlia del titano Oceanus. In alcune leggende i genitori delle Grazie erano Helios, il dio del sole, ed Egle, una figlia di Zeus.

Il numero delle Grazie differiva nelle storie di vari luoghi, ma di solito si pensava che fossero tre, chiamate Aglaia (Luminosità), Eufrosine (Gioia) e Thalia (Fioritura). Nessun banchetto sull'Olimpo soddisfaceva gli dei se le Muse e le Grazie non vi cantavano.

Il nome Graces viene dal latino; il nome greco delle dee era Charites. Nella religione greca, i culti che adoravano le Grazie si concentravano in Beozia, Atene, Sparta e Paphos.

Domande di ricerca

---

1. Quale potere divino femminile ti interessa di più ottenere?
2. Quale dio sarebbe più facile da scherzare?
3. C'è qualcosa di questi dei che potrebbe essere vero secondo lei?

Mortali

Sfidò i mortali

Achille
Eroe della guerra di Troia

Tra i greci che combatterono contro Troia, quello considerato il più coraggioso fu Achille. Sua madre era la dea Teti, una Nereide (ninfa del mare). Suo padre era Peleo, re della Tessaglia e nipote di Zeus, il signore del cielo.

Fu alla festa di nozze di Teti e Peleo che la dea Eris (Discordia) scagliò tra gli invitati una mela d'oro che avrebbe causato la guerra di Troia.

Poco dopo la nascita di Achille, Teti cercò di ingannare le Parche, che avevano predetto che la guerra avrebbe stroncato suo figlio nel fiore degli anni. Affinché nessuna arma potesse mai ferirlo, immerse il suo bambino nelle acque nere dello Stige, il fiume che scorreva intorno agli inferi.

Solo il tallone con cui lo teneva non era stato toccato dalle acque magiche, e questa era l'unica parte del suo corpo che poteva essere ferita.

Questa è l'origine dell'espressione tallone di Achille, che significa punto vulnerabile.

Quando iniziò la guerra di Troia, la madre di Achille, temendo che il decreto delle Parche si rivelasse vero, lo vestì da ragazza e lo nascose tra le fanciulle alla corte del re di Sciro. Il trucco non ebbe successo. Odisseo, il più scaltro dei greci, andò alla corte travestito da venditore ambulante.

Quando Odisseo aveva steso la sua mercanzia davanti alle ragazze, si udì un improvviso squillo di tromba. Le ragazze urlarono e fuggirono, ma Achille tradì il suo sesso afferrando una spada e una lancia dalla scorta dell'ambulante.

Achille si unì alla battaglia e prese il comando degli uomini di suo padre, i Mirmidoni. Essi furono un esempio di coraggio per gli altri greci. Poi litigò con Agamennone, il capo dei greci, per un prigioniero che amava.

Quando lei gli fu portata via, egli ritirò i suoi seguaci dalla battaglia e tenne il broncio nella sua tenda. Come risultato, gli eserciti greci furono ricacciati sulle loro navi dai troiani.

Alla fine, commosso dalla situazione dei greci, Achille affidò i suoi uomini e la sua armatura a Patroclo, il suo migliore amico. Così, quando Patroclo guidò i Mirmidoni in battaglia, i Troiani lo scambiarono per Achille e fuggirono in preda al panico. Patroclo, tuttavia, fu ucciso da Ettore, il capo dei troiani. L'armatura di Achille divenne il premio di Ettore. Infuriato e colpito dal dolore,

Achille giurò di uccidere Ettore. Nel frattempo, sua madre si affrettò all'Olimpo per implorare una nuova armatura da Efesto, dio della fucina. Rivestito con la sua nuova armatura, Achille andò di nuovo in battaglia. Uccise molti troiani e gli altri, tranne Ettore, fuggirono nella loro città. Achille poi uccise Ettore.

Anche se i Troiani avevano ormai perso il loro capo, erano in grado di continuare a combattere con l'aiuto di altre nazioni. Achille spezzò la forza di questi alleati uccidendo Memnon, principe degli Etiopi, e Pentesilea, regina delle Amazzoni.

Achille era ormai stanco della guerra e, inoltre, si era innamorato di Polissena, sorella di Ettore. Per conquistarla in matrimonio acconsentì a chiedere la pace ai Greci.

Achille era nel tempio per organizzare il matrimonio quando il fratello di Ettore, Paride, lo colpì con una freccia avvelenata nell'unica parte vulnerabile del suo corpo: il tallone.

Domande di ricerca

---

1. Come pensi che sia il Monte Olimpo nella vita reale?
2. Qual è il miglior mito greco che conosci e perché?
3. Qual è la tua storia più pazza che coinvolge un eroe greco?

Ganimede

Un bel principe troiano, rapito da Zeus e nominato coppiere degli dei

Nella mitologia greca, Ganimede era il figlio di un re di Troia. A causa della grande bellezza di Ganimede, Zeus si travestì da aquila e portò Ganimede sul monte Olimpo per servirlo come coppiere degli dei.

Alcune storie raccontano che Ebe svolgeva questa funzione e, occasionalmente, si dice che Ganimede abbia sostituito Ebe dopo che questa si era dimessa per sposare Eracle o era stata rimossa per un suo errore.

Zeus diede al padre di Ganimede un cavallo immortale per compensarlo della perdita del figlio. La luna più grande del pianeta Giove porta il suo nome.

Domande di ricerca

1. Quale eroe della mitologia greca sarebbe il tuo animale da supporto emotivo e perché?
2. Chi avresti voluto come supereroe o cattivo se gli dei greci avessero avuto poteri come quelli posseduti dai personaggi dei fumetti e delle graphic novel?
3. Le sembra che qualche potere mitologico si sia avverato oggi?

Ercole

Uno degli eroi più forti e celebrati della mitologia classica

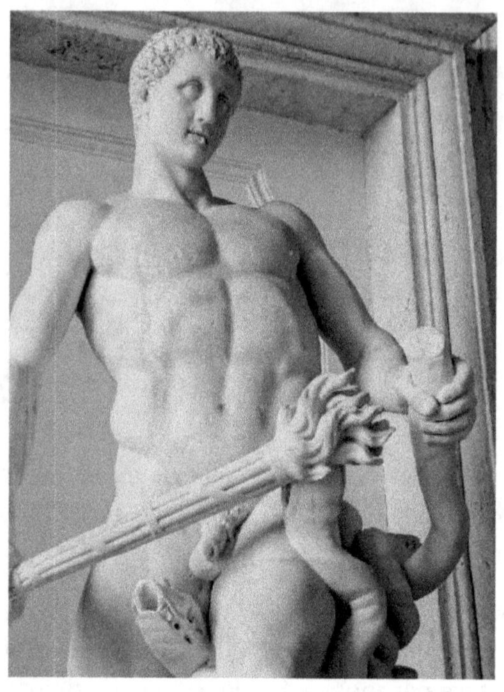

Ercole (chiamato Eracle dai greci) era il figlio del dio Zeus e della mortale Alcmene. La dea Era, che odiava il piccolo Ercole, mandò due serpenti per distruggerlo nella culla, ma Ercole li strangolò. Da ragazzo Ercole fu addestrato dal centauro Chirone.

Quando Ercole era giovane, due fanciulle vennero da lui. Arete rappresentava la virtù, Kakia il vizio. Kakia offriva a Ercole piacere e ricchezze se l'avesse seguita. Arete gli offrì solo la gloria per una lotta a vita contro il male. Ercole scelse di farsi guidare da Arete.

In un attacco di follia causato da Era, Ercole uccise i suoi stessi figli. Per espiare dovette servire suo cugino il re Euristeo, che gli ordinò di eseguire i compiti conosciuti come le 12 fatiche di Ercole.

Il primo fu l'uccisione del leone di Nemea. Ercole strangolò l'animale e indossò la pelle del leone. Poi uccise l'Idra, un terribile serpente con nove teste. La terza e la quarta fatica furono la cattura di due creature selvagge: il cervo berico dalle corna d'oro e il cinghiale erimanno.

Per il suo prossimo lavoro Ercole doveva pulire le stalle di Augia, che non erano state pulite per 30 anni. Fece passare due fiumi, l'Alpheus e il Peneus, attraverso le stalle, finendo il lavoro in un solo giorno. Poi, uccise i feroci uccelli di Stymphalian, dopo di che catturò il toro cretese.

Poi catturò le cavalle selvatiche mangia-carne di Diomede, re della Tracia. Ercole uccise Diomede e lo diede in pasto ai cavalli. Poi dovette ottenere la cintura di Ippolita, regina delle Amazzoni.

Sconfisse le Amazzoni, uccise la regina e prese la cintura. Per la sua decima fatica Ercole catturò i buoi del mostro Gerione, che abitava nella favolosa isola Erytheia.

Le ultime due fatiche erano le più difficili. Una consisteva nel rubare le mele d'oro custodite da quattro ninfe sorelle chiamate le Esperidi. Il loro padre era Atlante, che sosteneva il cielo sulla sua schiena.

Per ottenere le mele, Ercole prese il posto di Atlante mentre Atlante prendeva le mele. Infine, Ercole si recò nell'Ade, dove catturò Cerbero, il cane dalle molte teste che faceva la guardia alle porte degli inferi. Portò Cerbero da Euristeo, ma il re era così terrorizzato che Ercole dovette tornare nell'Ade per riprendersi il mostro.

Avendo completato i 12 compiti, Ercole era ora libero, ma compì altre imprese. Il centauro Nesso cercò di portare via la moglie di Ercole, Deianeira. Ercole colpì Nesso con una freccia avvelenata.

Il centauro morente fece conservare a Deianeira un po' del suo sangue come incantesimo d'amore. Quando Ercole si innamorò di un'altra fanciulla, Deianeira gli mandò una veste intrisa di sangue. Ercole la indossò e il veleno si diffuse nel suo corpo come il fuoco. Fuggì sul monte Oeta, costruì un fuoco funebre e vi si gettò sopra per morire.

La forza eroica di Ercole ha ispirato molte opere d'arte. Un bell'esempio in scultura è l'Ercole Farnese, una copia di un'opera precedente dello scultore antico Lisippo.

1. Cosa ne pensi delle varie interpretazioni della mitologia greca, ad esempio l'"Ercole" della Disney? Questo cambia la tua opinione su quale versione è più accurata o attraente per te?
2. Pensi che venerare le divinità greche abbia aiutato a risolvere i problemi di qualcuno nell'antica Grecia?
3. Tutti gli dei e i semidei greci sono amichevoli tra loro a volte?

Heroes

Enea

Un eroe della guerra di Troia e progenitore del popolo romano

Enea è l'eroe dell'Eneide di Virgilio, ma era venerato dai romani molto prima che l'Eneide fosse scritta. Lo chiamavano Jupiter indiges - "il fondatore della razza".

Enea era considerato un eroe di Troia e di Roma. L'Iliade di Omero lo paragona al leggendario Ettore. Enea non era di origine romana. Anchise, suo padre, era un membro della casa reale troiana.

Sua madre era la dea dell'amore, Afrodite. Anchise aveva giurato di non rivelare mai il suo matrimonio con Afrodite. Quando nacque Enea, però, Anchise si vantò con i suoi compagni. Per punizione, fu accecato.

Quando Troia fu conquistata nella guerra di Troia, Enea guidò i suoi
guerrieri fuori dalla città in fiamme, portando il padre cieco sulle spalle.
Enea e i suoi compagni vagarono poi per il Mediterraneo per sette anni
alla ricerca di una nuova patria.

Le sue navi naufragarono al largo della costa africana, vicino a Cartagine.
Didone, la regina cartaginese, si innamorò profondamente di Enea e lo
pregò di restare. Quando lui partì, Didone si uccise dal dolore.

Enea e i suoi compagni si stabilirono brevemente in Tracia, a Creta e in
Sicilia, prima di arrivare nel Lazio, sulle rive del Tevere. Il re Latinus diede
loro il benvenuto.

Enea aiutò il sovrano nelle sue lotte contro i Rutuli. Più tardi, Enea sposò
Lavinia, figlia di Latinus. Ereditò il regno dopo la morte di Latinus,
regnando felicemente e con successo su Troiani e Latini uniti. Fu ucciso in
una battaglia con gli Etruschi.

Domande di ricerca

---

1. Come descriveresti l'essere un eroe greco?
2. Qual è la sua opinione sui nomi degli eroi greci?
3. Avete mai incontrato una statua di un dio o di una dea greca?

Aiace il Grande
Un eroe della guerra di Troia e re di Salamina

Tra i guerrieri greci che assediarono Troia, Aiace il Grande era secondo solo ad Achille per forza e coraggio. Era il figlio di Telamone ed era fratellastro di Teucro. Omero nell'Iliade lo descrive come di statura gigantesca.

Alla morte di Achille, Aiace come il più coraggioso dei greci reclamò l'armatura di Achille. Il premio, tuttavia, andò a Odisseo (Ulisse) come il più saggio. Aiace era così infuriato che impazzì e si uccise. La sua storia è raccontata dal drammaturgo greco Sofocle nella tragedia Aiace.

Un altro eroe greco con lo stesso nome era l'Aiace "minore", figlio di Oileo, re della Locride. Era piccolo di statura ma coraggioso e abile nel lancio della lancia.

Solo Achille poteva correre più velocemente. Come Aiace il Grande, era il nemico di Ulisse. Presuntuoso e arrogante, sfidò persino gli dei. Come punizione per il suo comportamento avventato, naufragò e annegò durante il viaggio di ritorno da Troia.

1. Quale eroe greco pensi sia il più amichevole?
2. Se un eroe o un semidio greco dovesse scegliere una cosa su questa terra con cui conferire, cosa voterebbe?
3. Hai mai pensato di essere immortale e vivere per sempre come gli dei greci?

Dedalo
Un creatore di un labirinto a labirinto

Dedalo era un abile artigiano. Si dice che sia stato il primo scultore a fare statue con gli occhi aperti e con le braccia che si staccano dal corpo.

A Dedalo si attribuisce anche l'invenzione del punteruolo, dello smusso e di altri strumenti. Nell'antichità si credeva che molti templi e statue di legno in Grecia e in Italia fossero opera sua.

Quando il nipote di Dedalo, Perdix, inventò la sega e il tornio del vasaio, Dedalo divenne così geloso che spinse Perdix dall'Acropoli di Atene. Dopo che Dedalo fuggì a Creta, dove regnava il re Minosse, costruì il labirinto a forma di labirinto per racchiudere il Minotauro, un mostro che era parte uomo e parte toro.

Dedalo in seguito offese il re Minosse, e lui e suo figlio Icaro furono imprigionati. Dedalo costruì delle ali di piume e cera in modo che potessero fuggire volando sul mare. Icaro volò troppo vicino al sole. Il suo calore sciolse la cera e lui annegò.

1. Se potesse avere un assistente personale da qualsiasi mito, chi sarebbe e perché?
2. Quali sono alcuni dei tuoi modi preferiti per onorare gli dei greci?
3. Come pensi che gli esseri umani siano stati influenzati dal vivere in stretta vicinanza con le divinità greche?

Jason
Leader degli Argonauti.

Giasone guidò con successo un gruppo di eroi, conosciuti come gli Argonauti, per recuperare il Vello d'Oro, la lana dorata di un montone.

Giasone era il figlio di Esone, il re di Iolcos in Tessaglia, nell'attuale Grecia settentrionale. Mentre Giasone era un bambino, suo zio Pelia si impadronì del trono. Per la sua sicurezza, Giasone fu mandato via per essere allevato da Chirone, un centauro. Giasone tornò a Iolcos quando era un giovane uomo.

Pelias promise di dimettersi e lasciare che Giasone diventasse re, come era suo diritto di eredità, se Giasone gli avesse portato il vello d'oro, un compito apparentemente impossibile. Il vello era conservato nella lontana Colchide ed era custodito da un drago che non dormiva mai.

Dopo molte avventure, Giasone se ne andò con il vello con l'aiuto dell'incantatrice Medea. Giasone sposò Medea. Al loro ritorno a Iolcos, Medea uccise Pelias. Lei e Giasone furono poi cacciati dal figlio di Pelias e dovettero rifugiarsi presso il re Creonte di Corinto.

Quando Giasone lasciò Medea per la figlia di Creonte, Medea uccise i propri figli da Giasone. L'abbandono di Medea da parte di Giasone e le sue conseguenze furono il soggetto della tragica opera di Euripide, Medea.

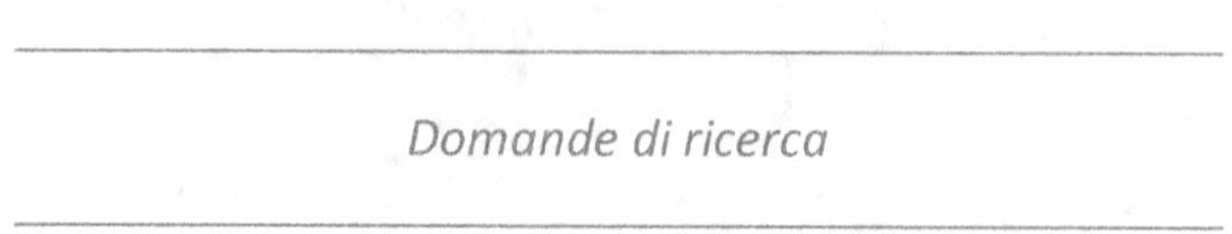

Domande di ricerca

1. Quali sono state alcune delle missioni più notevoli fatte da eroi che sono andati alla ricerca di un oggetto o di un'informazione all'interno del regno di Hades che era noto essere custodito da mostri?
2. Qual è una cosa folle che una divinità o un eroe ha fatto accadere o a cui ha partecipato?
3. Pensi che tutti gli dei greci siano stati spogliati dei loro poteri dagli umani una volta che siamo diventati più avanzati?

Odysseus
Un eroe e re di Itaca.

L'eroe del poema epico di Omero, l'Odissea, è Odisseo. È una delle figure più frequentemente ritratte nella letteratura occidentale. Dopo aver combattuto nella guerra di Troia per circa 10 anni, Odisseo dovette sopportare altri 10 anni di peregrinazioni e avventure prima di tornare alla sua casa e alla sua famiglia.

Omero lo ritrasse come un uomo di eccezionale astuzia, intraprendenza, coraggio e resistenza. Il nome di Ulisse in inglese è Ulisse.

Secondo Omero, Odisseo era re di Itaca, una delle isole Ionie. I suoi genitori erano Laerte e Anticleia. La moglie di Odisseo era Penelope ed ebbero un figlio, Telemaco. (Nella tradizione successiva, Odisseo era invece il figlio di Sisifo e aveva avuto figli da Circe, Calipso e altri).

Odisseo appare anche nel poema epico di Omero, l'Iliade, che riguarda la guerra di Troia. Nel poema, Odisseo gioca un ruolo di primo piano nel raggiungimento della riconciliazione tra gli eroi greci Agamennone e Achille.

Il coraggio e l'abilità di Odisseo nel combattere sono dimostrati ripetutamente. La sua audacia è mostrata soprattutto nella spedizione notturna che intraprende con Diomede contro i troiani.

L'Odissea descrive come Odisseo realizzò la cattura di Troia, che pose fine alla guerra. Fece nascondere i soldati greci in un enorme cavallo di legno cavo (il cavallo di Troia). Quando i troiani portarono il cavallo all'interno della città murata, i guerrieri sciamarono fuori e aprirono le porte al resto dei soldati greci.

Le peregrinazioni di Odisseo dopo la guerra e il recupero della sua casa e del suo regno sono il tema centrale dell'Odissea. Dopo aver lasciato Troia, Odisseo arriva nella terra dei mangiatori di loto, una tribù che mangia una pianta misteriosa.

Con difficoltà, salva alcuni dei suoi compagni, che sono stati drogati per aver mangiato la pianta. Odisseo poi incontra e acceca Polifemo il ciclope, un figlio di Poseidone. Odisseo fugge dalla caverna di Polifemo aggrappandosi al ventre di un ariete.

Odisseo e i suoi compagni arrivano poi all'isola dei Laestrygones, che sono giganti cannibali. Essi distruggono 11 delle 12 navi di Odisseo.

Nella nave rimasta, Odisseo e i suoi compagni sopravvissuti arrivano all'isola dell'incantatrice Circe. Lei trasforma alcuni dei suoi uomini in maiali e lui deve salvarli.

Poi Odisseo visita la terra dei morti, dove parla con lo spirito di Agamennone e con il veggente cieco Tiresia. Da Tiresia, Odisseo apprende come evitare l'ira di Poseidone, che è arrabbiato con lui per aver ucciso Polifemo.

Durante il viaggio, Odisseo passa davanti alle Sirene e a Scilla e Cariddi, creature che cercano di distruggere lui e il suo equipaggio. Su un'isola del dio del sole Helios, gli uomini incontrano il bestiame del dio, il Bestiame del Sole. Nonostante gli avvertimenti, i compagni di Odisseo uccidono il bestiame per nutrirsi. Solo Odisseo sopravvive alla tempesta che ne consegue. Raggiunge poi l'isola della ninfa Calipso. Lei lo tiene prigioniero sull'isola per sette anni prima che Atena ed Hermes lo aiutino.

Odisseo lascia finalmente Calipso e arriva finalmente a casa a Itaca. Nel frattempo, Penelope (sua moglie) e Telemaco (suo figlio) hanno lottato per mantenere la loro autorità durante la sua assenza di quasi 20 anni. Più di 100 pretendenti hanno fatto pressione su Penelope per risposarsi. In attesa che lei decida tra loro, questi uomini sono rimasti nella casa di Odisseo, mangiando, bevendo e facendo baldoria.

Quando Odisseo arriva a casa, all'inizio viene riconosciuto solo dal suo fedele cane e da una nutrice. Egli prova la sua identità con l'aiuto di Atena. Per confermare che è davvero Odisseo, Penelope lo fa incordare e sparare con il suo vecchio arco.

Poi, con l'aiuto di Telemaco e di due schiavi, Odisseo uccide tutti i pretendenti di Penelope. Penelope non crede ancora a Odisseo e gli fa un'ulteriore prova. Ma alla fine, sa che è lui e lo accetta come suo marito da tempo perduto e come re di Itaca. (Per un resoconto più dettagliato delle avventure di Odisseo.

Nelle opere di Omero, Odisseo ha molte occasioni per mostrare il suo talento per gli stratagemmi e gli inganni. Allo stesso tempo, è costantemente coraggioso, leale e generoso. Anche numerosi altri scrittori greci e romani hanno ritratto Odisseo. Lo hanno presentato a volte come un politico senza principi, a volte come un saggio e onorevole uomo di stato. I filosofi di solito ammirano la sua intelligenza e saggezza.

Figura letteraria duratura, Odisseo è stato trattato da molti altri scrittori successivi, tra cui William Shakespeare (in Troilo e Cressida), Níkos Kazantzákis (in The Odyssey: A Modern Sequel), e (metaforicamente) da James Joyce (in Ulysses) e Derek Walcott (in Omeros).

1. Quali sono tre cose che hai imparato su Odisseo?
2. Quali sono alcuni dei migliori libri sulla mitologia greca, e chi li ha scritti?
3. Come pensi che fossero gli dei greci da bambini?

Orpheus

Un leggendario musicista e poeta che tentò di recuperare la sua defunta moglie dagli Inferi

L'eroe Orfeo era un poeta e musicista che cantava e suonava la musica in modo così bello che tutti quelli che lo ascoltavano rimanevano incantati. Animali, alberi e persino rocce si muovevano intorno a lui a tempo della sua musica.

Orfeo suonava la lira, uno strumento simile all'arpa che gli era stato dato dal dio Apollo. La maggior parte delle leggende racconta che la madre di Orfeo era una delle Muse; più spesso si dice che fosse Calliope, la patrona della poesia epica. Suo padre era solitamente detto essere Oeagrus, un re della Tracia.

La moglie di Orfeo era Euridice. Poco dopo il loro matrimonio, però, lei fu morsa da un serpente e morì. Sopraffatto dal dolore, Orfeo scese coraggiosamente negli inferi, il regno sotterraneo dei morti, per cercare di riportarla in vita.

Orfeo usò la sua musica per incantare Caronte, il barcaiolo che traghettava i morti attraverso il fiume Stige, e Cerbero, il cane a tre teste che sorvegliava le porte degli inferi, così lo lasciarono passare. Orfeo si appellò poi ad Ade e Persefone, i governanti degli inferi, con il canto.

Commossi dalla devozione di Orfeo per sua moglie e dalla sua musica, permisero a Euridice di tornare in vita. C'era una condizione: non gli era permesso di guardarla finché non fossero usciti dagli inferi.

Orfeo condusse Euridice di nuovo su dall'oscuro mondo sotterraneo al regno dei vivi. Erano quasi arrivati quando Orfeo vide la luce del sole dal mondo di sopra.

Per un impulso si voltò indietro, sia per assicurarsi che Euridice fosse ancora con lui, sia per condividere con lei la sua gioia. In quel momento lei scomparve, morendo una seconda volta. Orfeo rimase solo e inconsolabile.

Orfeo fu poi ucciso dalle donne in Tracia. Le leggende sulla sua morte variano. Alcune raccontano che fu fatto a pezzi da menadi frenetiche, donne devote al dio Dioniso, perché Orfeo preferiva adorare Apollo invece di Dioniso.

Le Muse seppellirono le membra di Orfeo, e la sua lira fu posta nel cielo come Lyra, una costellazione di stelle. La sua testa, che ancora cantava, galleggiò sull'isola di Lesbo. Lì la testa pronunciò profezie, diventando l'oracolo orfico.

Si pensa che Orfeo abbia ispirato un movimento religioso nell'antica Grecia. I suoi adoratori eseguivano riti segreti, presumibilmente basati sugli insegnamenti e le canzoni di Orfeo. Questa religione misterica orfica era particolarmente interessata all'aldilà e alla purificazione dal peccato.

La leggenda di Orfeo ha ispirato artisti e scrittori fin dai tempi antichi. Il personaggio è stato presentato in numerose opere d'arte, letteratura e musica, tra cui opere di Claudio Monteverdi, Christoph Gluck e Jacques Offenbach e il film Black Orpheus (1959), del regista brasiliano Marcel Camus.

1. Avete mai letto l'esperienza di uno degli eroi greci meno conosciuti?
2. C'è una cultura o una religione specifica che ti ispira a desiderare un lavoro che implica l'educazione su come le persone vivono/pensano nel mondo?
3. Come spiegheresti il concetto di eroe greco a qualcuno che non ne ha mai sentito parlare prima?

Perseo

Il figlio di Zeus, fondatore-re di Micene e uccisore della Gorgone Medusa

Perseo era il giovane eroe che uccise Medusa, una delle temibili Gorgoni che trasformavano in pietra chiunque osasse guardarle. Perseo era figlio di Zeus, re degli dei, e di Danae, la bella figlia di Acrisio, re di Argo.

Acrisio aveva bandito madre e figlio perché un oracolo aveva detto che il figlio di Danae un giorno lo avrebbe ucciso. Polidectes era il re dell'isola dove Danaë e Perseus erano stati portati sotto la guida di Zeus.

Il re corteggiava Danae, ma sapeva che avrebbe dovuto liberarsi di Perseo prima di poter conquistare la mano di Danae. Così, mandò il giovane a riportare la testa di Medusa, pensando che Perseo sarebbe stato ucciso.

Medusa era una delle tre terribili sorelle chiamate Gorgoni. Avevano ali coriacee, artigli sfacciati e serpenti velenosi che si contorcevano al posto dei capelli. Chiunque le guardasse si trasformava in pietra. Ma Perseo fu aiutato dagli dei. Atena gli prestò il suo scudo lucido e Hermes gli diede una spada magica. Perseo arrivò nella terra della notte dove vivevano le tre Sorelle Grigie (le Graie). Tra loro c'erano solo un occhio e un dente. Si rifiutarono di aiutare Perseo, ma lui rubò il loro occhio e lo restituì solo quando gli dissero dove trovare le Gorgoni.

Con dei sandali alati che gli permettevano di volare, l'elmo di Ade che lo rendeva invisibile e una borsa in cui nascondere la testa, si rimise in cammino e finalmente trovò le tre Gorgoni addormentate. Si mise il berretto delle tenebre e volò più vicino. Scendendo, guardò nel suo scudo splendente, evitando così di guardare direttamente i Gorgoni. Con un colpo di spada, tagliò la testa di Medusa.

Tornando a casa Perseo si imbatté nella bella fanciulla Andromeda, che era incatenata ad una roccia e lasciata ad essere divorata da un mostro marino. Perseo aspettò accanto a lei e quando il mostro apparve gli tagliò la testa.

I suoi genitori esultanti, Cefeo e Cassiopea, diedero Andromeda a Perseo come sua sposa. Perseo proseguì verso casa e salvò sua madre trasformando Polidectes e i suoi sostenitori in pietra alla vista della testa di Medusa.

Perseo diede la testa della Gorgone ad Atena, che la mise sul suo scudo, ed egli accompagnò sua madre ad Argo. Più tardi, mentre Perseo lanciava il disco in una grande gara atletica, esso sbandò e cadde tra gli spettatori, uccidendo accidentalmente suo nonno Acrisio e realizzando così la profezia.

Dopo la sua morte Perseo fu portato in cielo da suo padre Zeus, come anche Andromeda, Cassiopea e Cefeo. Lì divennero costellazioni, tutto secondo i vecchi miti greci.

Domande di ricerca

1. Avete mai visto accadere qualcosa di strano o inspiegabile che fosse così evidentemente legato agli antichi dei della Grecia?
2. Come descriveresti le storie greche a una persona che non ne sa ancora nulla?
3. Quali sono i suoi pensieri sugli eroi greci nella cultura popolare?

Theseus
Il re di Atene e uccisore del Minotauro

L'eroe Teseo, figlio di Egeo, re di Atene, è nato e cresciuto in una terra lontana. Sua madre non lo mandò ad Atene finché non fu un giovane uomo capace di sollevare una pietra sotto la quale suo padre aveva messo una spada e un paio di sandali.

Quando Teseo arrivò ad Atene dopo molte avventure, trovò la città in profondo lutto. Era di nuovo il momento di inviare a Minosse, re di Creta, il tributo annuale di sette giovani e sette fanciulle per essere divorati dal Minotauro.

Questo era un terribile mostro, metà umano e metà toro. Teseo si offrì come una delle vittime, sperando che sarebbe stato in grado di uccidere il mostro.

Quando raggiunse Creta, Arianna, la bella figlia del re, si innamorò di lui. Lei lo aiutò dandogli una spada, con la quale uccise il Minotauro, e un gomitolo, con il quale riuscì a trovare la via d'uscita dal labirinto tortuoso in cui era custodito il mostro.

Teseo aveva promesso a suo padre che se fosse riuscito nella sua ricerca, al suo ritorno avrebbe issato delle vele bianche sulla sua nave, che aveva delle vele nere quando era partito. Dimenticò la sua promessa. Il re Egeo, vedendo le vele scure, pensò che suo figlio fosse morto e si gettò in mare.

Il mare da allora è stato chiamato Egeo in suo onore. Teseo divenne poi re degli Ateniesi. Unì le comunità di villaggi della pianura dell'Attica in una nazione forte e potente.

Teseo fu ucciso a tradimento durante una rivolta degli ateniesi. Più tardi la sua memoria fu tenuta in grande riverenza. Nella battaglia di Maratona nel 490 a.C. molti ateniesi credettero di vedere il suo spirito che li guidava contro i persiani.

Dopo le guerre persiane, l'oracolo di Delfi ordinò agli ateniesi di trovare la tomba di Teseo sull'isola di Skyros, dove era stato ucciso, e di riportare le sue ossa ad Atene. Le istruzioni dell'oracolo furono rispettate. Nel 469 a.C. i presunti resti di Teseo furono riportati ad Atene. La tomba del grande eroe divenne un luogo di rifugio per i poveri e gli oppressi della città.

1. Ci sono dei, semidei ed eroi greci che vengono venerati ancora oggi?
2. Quali erano alcuni simboli che gli antichi greci associavano ai loro principali dei e dee?
3. Cosa pensavano gli antichi greci che causasse disastri naturali come temporali e uragani?

Donne notevoli

Aracne

Un'abile tessitrice, trasformata da Atena in un ragno per la sua blasfemia

Aracne era una donna che era un'abile tessitrice. Ha osato sfidare Atena, la dea dell'artigianato come la tessitura, della guerra e della saggezza, in una gara di tessitura.

Aracne era la figlia di Idmone di Colofone in Lidia, un tintore che usava la tintura di porpora. Nella gara di tessitura con Atena, Aracne tesseva un arazzo che mostrava le storie d'amore degli dei. Atena produsse un arazzo che mostrava gli dei in tutta la loro maestà. A seconda della storia, la dea era infuriata per la perfezione del lavoro della sua rivale o offesa dal suo soggetto.

Atena fece a pezzi l'arazzo di Aracne e, disperata, Aracne si impiccò. Per pietà, però, la dea allentò la corda, che divenne una ragnatela, e Aracne fu trasformata in un ragno.

Aracne significa "ragno" in greco, e la classe zoologica a cui appartengono i ragni si chiama Arachnida. La storia di Aracne è raccontata da Ovidio nelle sue Metamorfosi.

1. Chi è stata la prima donna olimpica?
2. Qual è la cosa più figa che una divinità ha fatto che ha avuto luogo perché era un dio/una dea?
3. Conosci miti o leggende di altre culture che hanno divinità o credenze sull'aldilà simili a quelle della cultura greca?

Cassandra

Una principessa di Troia, che fu maledetta per vedere il futuro, ma mai per essere creduta

Cassandra era una profetessa il cui destino era quello di predire correttamente gli eventi futuri ma di non essere mai ascoltata o creduta. Era la figlia di Priamo, l'ultimo re di Troia, e di sua moglie Ecuba.

Il dio Apollo si innamorò di Cassandra e le offrì il dono di predire il futuro in cambio del suo amore. Cassandra accettò l'accordo e ricevette il dono di Apollo, ma poi si rifiutò di mantenere la sua parola.

Per rappresaglia, Apollo la maledisse in modo che le sue profezie non sarebbero mai state credute. Infatti, profetizzò correttamente eventi come la caduta della sua città, Troia, nella guerra di Troia (la guerra raccontata nell'Iliade di Omero) e la morte di Agamennone, ma nessuno le diede retta.

Dopo che Troia fu catturata dai Greci, Cassandra divenne uno dei bottini di guerra e fu presa da Agamennone. Fu uccisa con lui quando tornò in Grecia.

1. Pensi che la mitologia dovrebbe essere offerta nel curriculum scolastico? Se sì, per quali gruppi di età?
2. Chi degli dei e delle dee greche pensi sia stato più sopravvalutato e sottovalutato?
3. Pensi che qualche greco sia incompreso o sottovalutato? Perché lo pensi?

Helen

Figlia di Zeus e Leda, il cui rapimento portò alla guerra di Troia

Secondo la leggenda greca, Elena di Troia era la donna più bella del mondo. Era la moglie di Menelao, re di Sparta. Afrodite, la dea dell'amore, la promise a Paride, figlio del re Priamo di Troia, come ricompensa per aver giudicato Afrodite la più bella delle dee.

Durante l'assenza di Menelao, Paride convinse Elena a fuggire con lui a Troia. Agamennone, il fratello di Menelao, guidò una spedizione contro Troia per recuperare Elena.

Questo diede inizio alla guerra di Troia, in cui Paride fu ucciso. Quando i greci finalmente catturarono Troia, Menelao riportò Elena a Sparta. Il poeta greco Omero raccontò la storia di Elena e della guerra di Troia nella sua Iliade.

1. In che modo i miti e le storie greche influenzano il tuo punto di vista sul mondo che ti circonda nella società di oggi?
2. Quali di queste divinità ti sono meno familiari e perché pensi che sia difficile conoscerle?
3. Spiega con parole tue la differenza tra un dio e una dea - non solo termini femminili per quelli maschili, ma differenze specifiche.

Medea

Una maga e moglie di Giasone, che uccise i suoi stessi figli per punire Giasone per la sua infedeltà

Medea era una maga che aiutò Giasone, il leader di un gruppo di eroi chiamati Argonauti. Lo aiutò a ottenere il Vello d'oro (lana d'ariete dorata) da suo padre, il re Eete della Colchide.

Medea era una dea e aveva il dono della profezia. Si innamorò di Giasone e usò i suoi poteri magici e i suoi consigli per aiutarlo a ingannare suo padre e ottenere il vello. In cambio, Giasone la sposò e la riportò in Grecia con sé.

Diversi autori antichi hanno scritto su Medea. Il dramma greco Medea di Euripide riprende la storia in una fase successiva. Giasone e Medea erano già fuggiti dalla Colchide con il vello. Erano stati cacciati da Iolcos a causa della vendetta di Medea sul re Pelias di Iolcos (che aveva mandato Giasone a prendere il vello).

L'opera è ambientata nel periodo in cui Giasone e Medea vivevano a Corinto. Giasone diserta Medea per la figlia del re Creonte di Corinto. Per vendicarsi, Medea uccide Creonte, sua figlia e i suoi due figli da Giasone e si rifugia dal re Egeo di Atene. Lo statista e drammaturgo romano Seneca basò la sua tragedia Medea sul dramma di Euripide.

Medea è anche l'eroina di un certo numero di opere moderne. Queste includono opere del drammaturgo austriaco del XIX secolo Franz Grillparzer e del drammaturgo francese del XX secolo Jean Anouilh.

Anche il compositore italo-francese Luigi Cherubini (1797) e il compositore francese Darius Milhaud (1939) presentarono Medea in opere. Gli autori hanno continuato a usare i temi del mito di Medea all'inizio del XXI secolo.

Domande di ricerca

1. Chi sono alcuni dei membri più famosi dell'antica Grecia?
2. Qual è una cosa che vorresti che gli dei greci potessero fare per renderti la vita un po' più facile?
3. Pensi che gli antichi greci sarebbero orgogliosi dei miti che esistono ancora oggi, se fossero vivi?

Medusa
Una donna mortale trasformata in un'orribile gorgone da Atena

Medusa era la più famosa delle figure di mostro conosciute come Gorgoni. Omero, il presunto autore dell'Iliade e dell'Odissea, fiorito nel IX o VIII secolo a.C., parlava di una sola Gorgone, un mostro degli inferi.

Il più tardivo poeta greco Esiodo, che visse intorno al 700 a.C., aumentò il numero delle Gorgoni a tre -Stheno (la Potente), Euryale (la Lontana Primavera), e Medusa (la Regina)- e le rese figlie del dio del mare Phorcys e di sua sorella-moglie Ceto.

Nell'arte antica le Gorgoni erano solitamente rappresentate come creature femminili alate le cui teste di capelli erano in realtà serpenti. I loro volti erano grotteschi e rotondi, e le loro lingue penzolanti. Nei periodi successivi, tuttavia, Medusa - a differenza delle altre Gorgoni - era a volte rappresentata come molto bella, anche se ancora molto mortale.

Medusa era l'unica delle Gorgoni ad essere mortale. Fu uccisa da Perseo, che le tagliò la testa. Dal sangue che sgorgava dal suo collo nacquero Crisauro e Pegaso (il cavallo alato), i suoi due figli dal dio del mare Poseidone. La testa mozzata era altrettanto mortale e poteva trasformare in pietra chiunque la guardasse. Fu data ad Atena, che la mise nel suo scudo. Secondo un altro racconto, invece, Perseo seppellì la testa nel mercato di Argo.

Si dice che Eracle (Ercole) abbia ottenuto da Atena una ciocca di capelli di Medusa (che possedeva gli stessi poteri della testa). La diede a Sterope, la figlia di Cefeo, come protezione per la città di Tegea contro gli attacchi. Quando esposta alla vista, la ciocca doveva portare una tempesta, che faceva fuggire il nemico.

Domande di ricerca

1. Perché parliamo ancora degli dei greci quando non sono più responsabili dei disastri naturali?
2. Ci dovrebbe essere una reincarnazione di questi vecchi dei per assicurarsi che le cose avvengano correttamente?
3. Cosa pensi delle donne dell'antica Grecia?

Pandora
La prima donna sulla Terra

Nella mitologia greca, Pandora fu la prima donna sulla Terra. Quando venne il momento di popolare la Terra, gli dei delegarono il compito a Prometeo e a suo fratello Epimeteo. Epimeteo (il cui nome significa "ripensamento" o "senno di poi") iniziò con gli animali, ai quali diede tutti i migliori doni: forza e velocità, astuzia e la protezione della pelliccia e delle piume.

Troppo tardi, Epimeteo si rese conto che non c'era più alcuna qualità per rendere il genere umano all'altezza delle bestie. Dopo che Prometeo ("preveggenza") aveva rubato il fuoco dal cielo e lo aveva dato ai mortali, uno Zeus arrabbiato decise di contrastare questa benedizione.

Zeus ordinò ad Efesto di modellare una donna dall'argilla e la adornò con i doni di tutti gli dei. Afrodite le diede la bellezza, Hermes la persuasione e Atena l'abilità nel ricamo. Fu chiamata Pandora ("tutti-regali").

L'antico poeta greco Esiodo, nelle sue Opere e Giorni, disse che Zeus la mandò sulla Terra. Lì Epimeteo la sposò nonostante l'avvertimento di suo fratello Prometeo di non accettare regali da Zeus.

Pandora trovò o portò con sé un vaso misterioso. Epimeteo ordinò a Pandora di non aprirlo mai. Segretamente, però, Pandora tolse il coperchio. Tutti i mali e le malattie umane volarono fuori e coprirono il mondo. Solo la speranza fu catturata all'interno del vaso.

Secondo alcune versioni moderne del mito, a Pandora fu dato un vaso, non una giara, ma queste risultano da una traduzione errata del greco o dalla confusione con un mito diverso.

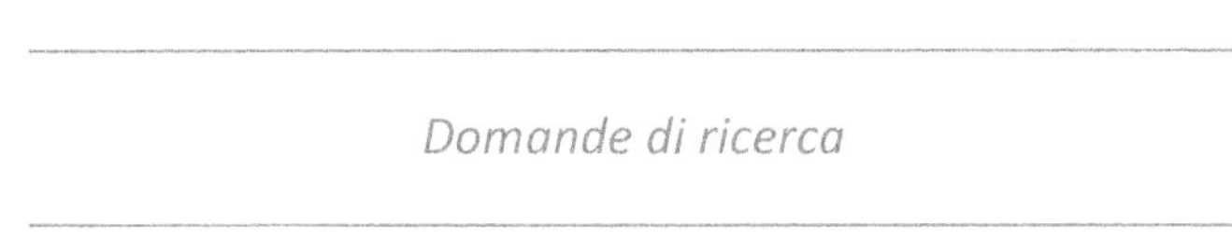

1. Qual è il tuo mito preferito che coinvolge un dio o una dea greca e una donna che conosci?
2. Hai un greco famoso come modello o idolo, e se sì, chi è e quali sono i suoi successi?

Polyxena

La figlia più giovane del re di Troia, sacrificata al fantasma di Achille

Polissena era figlia di Priamo, re di Troia, e di sua moglie Ecuba. Dopo la caduta di Troia, fu reclamata dal fantasma di Achille, il più grande dei guerrieri greci, come sua parte del bottino e fu quindi messa a morte sulla sua tomba.

In epoca post-classica la storia fu elaborata; si disse che era stata concordata una pace e Achille doveva sposare Polissena, ma Paride lo uccise a tradimento.

Domande di ricerca

---

1. Quali sono alcuni dei tuoi miti greci preferiti e come sono correlati alla loro presenza nella cultura pop al giorno d'oggi?
2. Quali sono i tuoi pensieri su Troia, e hai già letto qualcosa su questa città?

Re

Agamemnon
Un re e comandante degli eserciti greci durante la guerra di Troia

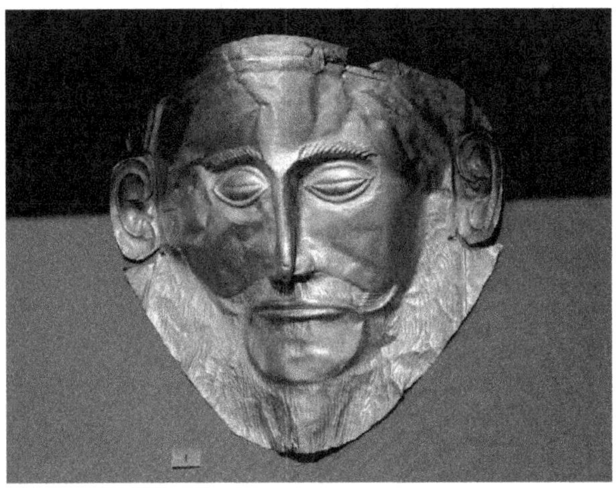

La maggior parte di ciò che si sa dell'antico eroe greco Agamennone è narrata nella leggenda omerica dell'Iliade e nei drammi di Eschilo. Figlio di Atreo, che era il re di Micene in Grecia, Agamennone era probabilmente un personaggio storico, un re che governò o a Micene o nella vicina Argo durante la guerra di Troia. Dai racconti mitici degli antichi greci, tuttavia, è impossibile separare il fatto dalla leggenda.

Le storie raccontano che Agamennone era il fratello di Menelao, re di Sparta, la cui moglie, Elena, fu portata a Troia da Paride, un principe di quella città in Asia Minore. Questo evento portò Agamennone a radunare la potenza militare delle città-stato greche in una guerra di vendetta.

Dopo la lunga guerra e la distruzione finale di Troia, salpò per tornare a casa da sua moglie, Clitennestra, e dalla sua famiglia. Al suo arrivo, fu ucciso da sua moglie o dal suo amante, Egisto.

Per vendicare questo tradimento, il figlio di Agamennone, Oreste, uccise sia Clitennestra che Egisto. La storia di questa vendetta e del suo esito è raccontata in tre drammi di Eschilo - Agamennone, Choeforoi ed

Eumenidi. È anche la base della trama nell'Elettra di Sofocle e nell'Elettra di Euripide.

Tutti e tre questi drammaturghi vissero nel V secolo a.C. Il drammaturgo americano del XX secolo Eugene O'Neill scrisse un adattamento della leggenda di Agamennone intitolato Mourning Becomes Electra.

Domande di ricerca

---

1. Quali sono le caratteristiche di un particolare re che la intrigano di più?
2. A quale antico re sei più legato per il modo in cui ha gestito la sua parte di problemi nella vita o i conflitti che ha affrontato?

Midas

Un re della Frigia ha concesso il potere di trasformare qualsiasi cosa in oro con un tocco

Mida è diventato il simbolo della sciocca avidità. Una volta fece un favore al dio Dioniso, e Dioniso promise di concedergli qualsiasi cosa volesse. Secondo la storia, Mida chiese che tutto ciò che toccava potesse trasformarsi in oro.

La richiesta fu accolta, ma il re se ne pentì presto quando scoprì che anche il suo cibo si trasformava in oro. Dovette chiedere a Dioniso di riprendersi il dono.

In un'altra occasione Mida giudicò una gara musicale tra Pan e Apollo. Assegnò il premio a Pan, e per vendetta Apollo gli diede un paio di orecchie d'asino. Mida nascose le orecchie d'asino sotto un cappello, ma il suo barbiere scoprì il segreto. Il barbiere voleva raccontarlo, ma aveva paura del re.

Infine, scavò una buca nel terreno e ci sussurrò dentro: "Il re Mida ha le orecchie d'asino". Da questo buco crebbe una canna, e quando il vento soffiava la canna sussurrava il segreto a tutti.

1. Hai qualche tuo mito preferito o storie che ti piace raccontare quando la gente ti chiede dei tuoi interessi e hobby?
2. Quali sono alcuni eventi recenti in cui le persone hanno invocato o usato la mitologia greca come parte dei loro incantesimi o rituali magici o cosa avete (uso futuro)?
3. Se la tua specializzazione a scuola fosse essere un duro, quale dio greco vorresti assumere come mentore?

Edipo

Un re di Tebe destinato a uccidere suo padre e a sposare sua madre

Edipo era il nome di un re di Tebe. Nel XIX secolo il suo nome è stato usato per un complesso psicologico che coinvolge i desideri repressi. Il complesso di Edipo, basato sulla vita di quella tragica figura, è una teoria psicoanalitica introdotta da Sigmund Freud nel suo libro Interpretazione dei sogni, pubblicato nel 1899.

La teoria afferma che gli individui hanno un desiderio represso di coinvolgimento sessuale con il genitore del sesso opposto mentre sentono la rivalità con il genitore dello stesso sesso.

Secondo l'antica leggenda, Laio, re di Tebe e padre di Edipo, apprese da un oracolo che suo figlio lo avrebbe ucciso. Perciò trafisse e legò i piedi del neonato e lo fece morire sul monte Citerone. Ma un pastore di buon cuore trovò il bambino e lo chiamò Edipo, che significa "piede gonfio".

Il bambino fu portato al re di Corinto, che lo allevò come suo figlio. Quando Edipo fu cresciuto, un oracolo gli disse che avrebbe dovuto uccidere suo padre e sposare sua madre. Per sfuggire a questo destino se ne andò di casa, perché credeva che il re di Corinto fosse suo padre.

Sulla sua strada verso Tebe, incontrò Laio, litigò con lui e lo uccise. Più o meno in quel periodo una terribile Sfinge apparve vicino a Tebe. Questo mostro chiese un indovinello a tutti quelli che passavano e li costrinse a indovinarlo o ad essere divorati. I Tebani offrirono il trono e la mano della regina Giocasta a chi avesse risposto correttamente all'indovinello del mostro.

"Quale animale", chiese la Sfinge quando Edipo la affrontò, "cammina su quattro zampe al mattino, su due a mezzogiorno e su tre alla sera?" Edipo rispose rapidamente: "L'uomo, perché al mattino, l'infanzia della sua vita, cammina a quattro zampe; a mezzogiorno, nel fiore degli anni, cammina su due piedi; e, quando l'oscurità della vecchiaia viene su di lui, usa un bastone per un migliore supporto come terzo piede". Allora la Sfinge si gettò nel precipizio roccioso e morì.

Edipo divenne re e si sposò con sua madre, Giocasta. Ben presto il paese fu devastato da una terribile peste. L'oracolo promise sollievo quando l'assassino di Laio sarebbe stato bandito. Edipo apprese allora ciò che aveva fatto.

Con orrore Edipo si cavò gli occhi, mentre sua madre si impiccò. Cieco e impotente, Edipo vagò con la sua fedele figlia Antigone. Lei si prese cura di lui fino alla sua morte. Il drammaturgo greco Sofocle ha raccontato la storia di Edipo e dei suoi figli nella grande trilogia di Edipo Re, Edipo a Colono e Antigone.

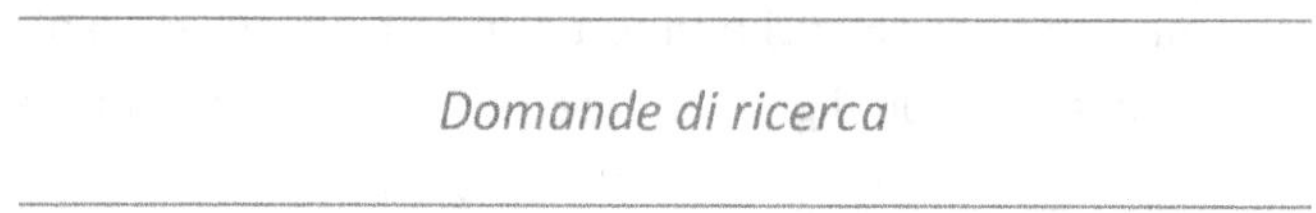

Domande di ricerca

1. Qual è un mito che sembra interessante o divertente ma che si rivela non essere vero?
2. Cosa pensi di Edipo e della sua storia?

Sisifo

Un re che ha tentato di ingannare la morte

Sisifo era un astuto re di Corinto. Dopo la sua morte, fu condannato negli inferi a far rotolare una roccia all'infinito su per una collina. Ogni volta che il masso raggiungeva la cima, rotolava di nuovo giù, così Sisifo non poteva mai finire il suo compito.

Il poeta Omero ha descritto il destino di Sisifo nell'Odissea. Più tardi le leggende greche raccontarono perché Sisifo fu punito: ingannò la Morte due volte. Quando la Morte venne per la prima volta a prendere il re turbo, Sisifo lo incatenò in modo che nessuno potesse morire.

Il dio della guerra Ares alla fine salvò la Morte, e Sisifo morì e andò negli inferi. Aveva detto a sua moglie di non seppellirlo, tuttavia, né di compiere alcuno dei necessari sacrifici agli dei.

Di conseguenza, Sisifo dovette essere autorizzato a tornare tra i vivi per punire sua moglie per le sue gravi omissioni. Ritornò a casa, visse per una seconda volta fino ad una età matura, e poi finalmente morì di nuovo, per iniziare la sua punizione eterna.

Sisifo era una figura molto popolare di imbroglione o maestro ladro nel folklore greco antico. Nel XX secolo, la storia delle sue fatiche infruttuose negli inferi ha ispirato Il mito di Sisifo di Albert Camus: Saggio sull'assurdo (1942), che è un classico della letteratura esistenzialista.

---

1. Cosa pensi di Sisifo e della sua punizione?
2. Potete ammirarlo per il suo coraggio?

Il tuo regalo

Hai un libro nelle tue mani.

Non è un libro qualsiasi, è un libro della Student Press Books! Scriviamo di eroi neri, donne che danno potere, mitologia, filosofia, storia e altri argomenti interessanti!

Dato che hai comprato un libro, vogliamo che tu ne abbia un altro gratis.

Tutto ciò di cui hai bisogno è un indirizzo e-mail e la possibilità di iscriverti alla nostra newsletter (il che significa che puoi cancellarti in qualsiasi momento).

Allora, cosa stai aspettando? Iscriviti oggi e richiedi il tuo libro gratis all'istante! Tutto quello che devi fare è visitare il link qui sotto e inserire il tuo indirizzo e-mail. Ti verrà inviato il link per scaricare subito la versione PDF del libro in modo da poterlo leggere offline in qualsiasi momento.

E non preoccupatevi - non ci sono fregature o costi nascosti; solo un buon vecchio omaggio da parte nostra qui a Student Press Books.

Visita subito questo link e iscriviti per ricevere la tua copia gratuita di uno dei nostri libri!

Link: https://campsite.bio/studentpressbooks

Libri

I nostri libri sono disponibili in tutti i principali rivenditori di libri online.
Guarda i nostri pacchetti di libri digitali qui:
https://payhip.com/studentPressBooksIT

La serie di libri dedicata alla Storia dei Neri.

Benvenuti nella serie di libri dedicata alla storia dei neri. Imparate a conoscere quali sono i punti di riferimento nel panorama nero con queste ispiranti biografie di pionieri e pioniere dell'America, dell'Africa e dell'Europa. Sappiamo tutti che la Storia Nera è importante, ma purtroppo può essere difficile trovare dei buoni materiali da leggere.

Molti di noi hanno familiarità con i più noti protagonisti della cultura popolare e dei libri di storia, ma in questi volumi verranno presentati anche anche uomini e donne neri meno conosciuti di tutto il mondo, le cui storie meritano di essere raccontate. Questi libri biografici vi aiuteranno a capire meglio come le sofferenze e le azioni delle persone hanno plasmato i loro paesi e le loro comunità per le generazioni a venire.

Titoli disponibili:

1. 21 leader neri ispiratori: Le vite di importanti personaggi influenti del 20° secolo: Martin Luther King Jr., Malcolm X, Bob Marley e altri
2. 21 donne nere eccezionali: Storie di donne nere influenti del 20° secolo: Daisy Bates, Maya Angelou e altre

La serie di libri Empowerment Femminile.

Benvenuti alla serie di libri Empowerment femminile. Imparate a conoscere le impavide icone femminili dei tempi moderni con le ispiranti biografie delle pioniere di tutto il mondo. L'empowerment femminile è un argomento importante che merita più attenzione di quanta ne riceva. Per secoli alle donne è stato detto che il loro posto era in casa, ma molte di loro si sono rifiutate di crederlo.

Le donne sono ancora poco rappresentate nei libri di storia, le poche che vengono nominate nei libri di testo di solito tendono ad essere relegate in poche righe. Eppure, la storia è piena di storie di donne forti, intelligenti e indipendenti che hanno superato gli ostacoli e cambiato il corso degli eventi semplicemente perché volevano vivere la loro vita.

Questi libri biografici ti ispireranno insegnandoti anche preziose lezioni sulla perseveranza e il superamento delle avversità! Impara da questi esempi che tutto è possibile se ci si impegna!

Titoli disponibili:

1. 21 donne eccezionali: Le vite delle intrepidi donne che hanno combattuto per la libertà superando tutti i confini: Angela Davis, Marie Curie, Jane Goodall e altre
2. 21 donne ispiratrici: Le vite di donne coraggiose e influenti del 20° secolo: Kamala Harris, Madre Teresa e altre
3. 21 donne fantastiche: Le ispiranti vite di artiste femminili del 20° secolo: Madonna, Yayoi Kusama e altre
4. 21 donne fantastiche: Le vite influenti di audaci donne di scienza del 20° secolo

La serie di libri Leader Mondiali.

Benvenuti nella serie di libri sui leader mondiali. Scopri i protagonisti Reali e i presidenti del Regno Unito, degli Stati Uniti e di altri paesi. Grazie a queste biografie dei Reali, dei Presidenti e dei Capi di Stato, imparerai a conoscere meglio chi sono le persone che hanno avuto il coraggio di guidare una nazione, il tutto correlato da citazioni, curiosità e immagini.

La gente è affascinata dalla storia, dalla politica e da coloro che l'hanno plasmata. Questi libri presentano nuove prospettive sulla vita di tali personaggi importanti. Questa serie è perfetta per chiunque voglia saperne di più sui grandi leader del nostro mondo: giovani lettori ambiziosi e adulti che amano leggere di persone interessanti.

Titoli disponibili:

1. Gli 11 reali britannici: La biografia della famiglia Windsor: la regina Elisabetta II e il principe Filippo, Harry e Meghan e altri
2. I 46 presidenti americani: Le loro storie, imprese e lasciti: da George Washington a Joe Biden
3. I 46 presidenti americani: Le loro storie, imprese e lasciti - Edizione estesa

La serie di libri Mitologia accattivante.

Benvenuti nella serie di libri Mitologia accattivante. Scopri gli dèi e le dee dell'Egitto e della Grecia, le divinità nordiche e altre creature mitologiche.

Chi sono questi antichi dèi e dee? Cosa sappiamo di loro? Chi erano veramente? Perché la gente li adorava nell'antichità e da dove venivano?

Questi libri presentano nuove prospettive sugli antichi dèi che ispireranno i lettori a considerare il loro posto nella società e a conoscere la storia.

Questi libri di mitologia prendono in considerazione anche fattori influenti come la religione, la letteratura e l'arte in un formato accattivante con foto e illustrazioni suggestive.

Titoli disponibili:

1. Antico Egitto: Una guida alle divinità egizie misteriose: Amon-Ra, Osiride, Anubi, Horus e altre
2. Antica Grecia: Una guida agli dèi, dee, divinità, titani ed eroi greci classici: Zeus, Poseidone, Apollo e altri
3. Antichi racconti norreni: Scopri gli dèi, le dee e i giganti dei vichinghi: Odino, Loki, Thor, Freia e altri

La serie di libri Teoria Semplice.

Benvenuti alla serie di libri Teoria Semplice. Scopri la filosofia, le idee dei filosofi antichi e altre teorie interessanti. Questi libri presentano le biografie e le idee dei filosofi più noti di luoghi chiave come l'antica Grecia e la Cina.

La filosofia è una materia complessa e molte persone fanno fatica a capirne anche solo le basi. Questi libri sono progettati per aiutarti ad imparare di più sulla filosofia e sono unici grazie al loro approccio semplice. Capire a fondo la filosofia non è mai stato così facile o divertente come in questo caso. Inoltre, ogni volume include anche delle domande in modo che tu possa scavare più a fondo nei tuoi pensieri e nelle tue opinioni!

Titoli disponibili:

1. Filosofia greca: Le vite e le idee dei filosofi dell'antica Grecia: Socrate, Platone, Pitagora e altri
2. Etica e morale: Filosofia morale, bioetica, sfide mediche e filosofi correlati

La serie di libri Empowerment dei giovani imprenditori

Benvenuti alla serie di libri dedicati all'Empowerment dei Giovani Imprenditori. Non è mai troppo presto per i giovani ambiziosi per iniziare a far carriera! Che tu sia un giovane dalla mentalità imprenditoriale che sta cercando di costruire il proprio impero, o un aspirante imprenditore che sta iniziando a risalire la strada lunga e tortuosa, questi libri ti ispireranno con le storie di imprenditori di successo.

Scopri le loro vite, i loro fallimenti e successi che ti faranno venire voglia di prendere il controllo della tua vita invece di viverla passivamente!

Titoli disponibili:

1. 21 Imprenditori di successo: Le vite di importanti personaggi influenti del 20° secolo: Elon Musk, Steve Jobs e altri
2. 21 Imprenditori rivoluzionari: Le vite di incredibili uomini d'affari del 19° secolo: Henry Ford, Thomas Edison e altri

La serie di libri Storia facile.

Benvenuto nella serie di libri Storia facile. Esplora vari soggetti storici dall'età della pietra ai tempi moderni, più le idee e le persone influenti che hanno vissuto nel corso dei secoli.

Questi libri sono un ottimo modo per farvi appassionare alla storia. Le persone sono spesso scoraggiate da libri di testo pesanti e noiosi, ma amano le storie delle persone comuni che hanno fatto la differenza nel mondo. Questi volumi ti daranno l'opportunità di scoprire le loro storie imparando importanti informazioni storiche.

Titoli disponibili:

1. La prima guerra mondiale: La prima guerra mondiale, le sue grandi battaglie, le persone e le forze coinvolte
2. La Seconda Guerra Mondiale: La storia della seconda guerra mondiale, Hitler, Mussolini, Churchill e altri protagonisti coinvolti
3. L'Olocausto: I nazisti, l'ascesa dell'antisemitismo, la Notte dei cristalli e i campi di concentramento di Auschwitz e Bergen-Belsen
4. La rivoluzione francese: L'Ancien régime, Napoleone Bonaparte e le guerre rivoluzionarie francesi, napoleoniche e della Vandea

I nostri libri sono disponibili in tutti i principali rivenditori di libri online. Guarda i nostri pacchetti di libri digitali qui:

https://payhip.com/studentPressBooksIT

Conclusione

Hai appena imparato di più sugli dèi e le dee dell'antica Grecia. Speriamo che questo libro ti sia piaciuto!

Probabilmente hai iniziato a notare alcuni schemi nelle storie e nei personaggi in cui ti sei imbattuto. Una buona idea può essere mettere un segnalibro tra queste pagine in modo da poterle ritrovare in seguito se dovesse succedere qualcosa di strano (chissà!). Per capire tutti questi misteri ti consigliamo di rileggere il libro almeno una volta in più perché abbiamo ancora molto da raccontarti!

Quando si parla di divinità, ci sono molte idee diverse su cosa siano o su come dovremmo venerarle. Le divinità greche esistono da migliaia di anni e le loro storie sono state raccontate da scrittori e artisti secoli fa. Ecco perché ad oggi alcuni di questi racconti possono sembrarci così strani, ma ci possono anche far ridere!

Hai letto questa lettura educativa? Cosa ne pensi? Faccelo sapere con una bella recensione del libro!

Ci piacerebbe molto, quindi assicurati di scriverne una!

www.ingramcontent.com/pod-product-compliance
Lightning Source LLC
Chambersburg PA
CBHW071756150726
47998CB00005B/1955